¿No sabes por dónde comenzar?

¿Tus resultados no son los de antes?

¿Buscas una lectura ágil, sencilla y de gran contenido?

Acabas de tomar entre tus manos la mejor herramienta, un documento plagado de información y ejemplos. ¡No la dejes a un lado! Porque aquí adentro encontrarás todas las respuestas para hacer tus metas una realidad.

La transformación **SIEMPRE**
es posible…

Francisco Del Real

OBRA EDITADA Y SUPERVISADA POR MEXCLANDO LETRAS
ALTO VALOR EDITORIAL
Director General – Ricardo Talavera M
Edición – Carlos M. Ríos
Diseño – Ana M. Salgado

Impreso en México 2021
ISBN – 978-956-410-106-4

Índice

Dedicatoria

Este, mi primer libro, que nace con el objeto de entregar herramientas para empoderar a líderes, emprendedores y gente de ventas, quisiera dedicarlo para agradecer lo mucho que me enseñaron el primer vendedor que conocí en mi vida, mi padre Hugo Del Real, y la primera emprendedora que me demostró que todo se puede, mi madre Rosa Bravo.

Gracias,
Francisco Del Real.

Introducción

¿POR QUÉ ESCRIBIR?

He leído muchos libros de crecimiento personal desde que inicie mi proceso de transformación y, muchos de ellos, se inician con historias muy similares a la que me gustaría contarles. Algunos de ellos son reconocidos Best Sellers y que, sin duda, sirvieron en mi propósito de crecimiento personal y han trascendido en el tiempo como manuales de uso. Por esto, cuando decidí escribir este libro y no lograba salir de contar una historia más de como un ejecutivo exitoso encontraba su ser y lograba un balance que produciría un cambio relevante en su vida, no me aparecía cómo marcar diferencia y, más allá de ello, cómo mostrar algo más funcional con la intención de ponerlo a disposición de otros para que lo pudieran utilizar.

En ese proceso de búsqueda y ganas de hacer, se vino el COVID-19 y produjo el cambio obligado más relevante que me ha tocado vivir; por primera vez no podía hacer lo que quería cuando quería. Me quitaron el sentir, que es vital en mis relaciones y networking, y me cambiaron la forma como se hacían las cosas, generando muchas emociones variadas, además de incertidumbre e, inicialmente estancamiento. Recuerdo que, comenzando el proceso, un inicio de semana, mi jefatura, al igual que todas las semanas, me pidió contara las actividades de la semana que comenzaba y se sorprendió cuando le argumenté que necesitaba pensar.

Justo así, salí del bosque de ocupaciones y actividades y miré desde afuera para comenzar a entender lo que vendría.

Por esos tiempos escribí esta columna que les comparto:

Desde el "Shock" 2020 a la "Transformación" 2021

¡¡Que año que venimos terminando!! Nosotros que funcionamos bajo la sensación de tener todo controlado, que lo que no vemos no existe y que vivimos aceleradamente. Se nos vino un ¡detente! Impensado, obligado y no planificado, que nos afectó en todos los ámbitos; en sorpresa, inicialmente, donde nos sorprendió y nos alertó, pero como siempre, pensamos que esto era pasajero y seguía todo rápidamente. Es así como, por allá por marzo y abril, veíamos la situación sin entender mucho, pero con una mirada pasajera, pensando que la solución no pasaría de junio. No teníamos idea aun de lo que estábamos enfrentando, y más allá de la sorpresa y ver como en otros lugares del mundo sucedían situaciones impensadas, aun en esas fechas sólo nos manejábamos en la sorpresa y entendiendo que el mundo seguía. Y es así como, laboralmente, nos lanzamos a conectar gente desde las casas y para los que trabajamos en ventas, a sustituir las reuniones por llamadas utilizando zoom, teams, Google o el medio que nos permitiera enviar nuestro mensaje. Fue así como nos llenamos de invitaciones de todo tipo para asistir a charlas, seminarios, talleres, todo en forma virtual. Todo seguía adelante, pero vía telellamadas.

Abril, comienzan las cuarentenas y nuestra vida comenzó a cambiar, pasó el shock y entramos a la incertidumbre, el tema era más serio de lo que pensábamos y, al parecer también será más largo. Acá, recién comenzamos a asimilar lo que se nos venia, sin saber aun el impacto que esto tendría en cada uno de nosotros. Comenzamos a mirar a esto desde un lugar distinto, con algo de temor, mucho de enojo por no poder hacer lo que estábamos acostumbrados. Entonces comenzó una carga de trabajo impensada para todos, esto de estar conectados desde la casa hizo que el tiempo no existiera y nos comenzamos a llenar de reuniones virtuales, sin respetar horarios, conectándonos, participando y trabajando en cualquier momento, sin tener los espacios personales a los que estábamos acostumbrados. Los que viven en familia, a conocer lo que es permanecer 24 horas en un mismo lugar todos al mismo tiempo, los espacios en casa transformados y compartidos, mejorando la conexión wifi de casa e intentando trabajar y convivir; en esta vuelta, las mujeres que son madres, se llevaron una carga adicional, ya que, a sus labores habituales debieron sumar la de ayudante de profesor, en aquellos casos de familias con niños pequeños. Por el lado tecnológico, a estas fechas nos dimos cuenta de que estar conectados no era suficiente y que debíamos entregar acceso a servicios, aplicaciones y procesos, para que quienes estaban conectados desde casa pudieran realmente trabajar. También, aquí se aceleraron fuertemente todos los procesos de transformación digital que fueran en aporte a dar continuidad operacional al negocio, ordenar ingreso de personas, comercio electrónico, servicios vía web, etc. Todo lo que permitiera generar y mantener la continuidad de los negocios. En términos de relacionamiento, en una vivencia única, primera vez que todos, al mismo tiempo, estábamos viviendo la misma experiencia, la "Empatía" pasó a ser la clave del relacionamiento, donde el "¿cómo te ayudo?", era más común que el "¿cómo estás?" No pensábamos en negocios, sino que en cómo ser un real apoyo a nuestro ecosistema de clientes, socios y potenciales clientes. En este contexto, cambiamos de rumbo y comenzamos a generar reuniones 1:1, conversando más en profundidad y ofreciendo nuestra ayuda en el momento; donde no se pensaba mucho, se actuaba, ya que la velocidad y el "time to market", era lo único que importaba. Fue acá donde quisimos hacer *tangible nuestro proceso de acercamiento con empatía, con nuestro mensaje "cuídate y te ayudamos a prevenir" llevando a todos nuestros cercanos lo que consideramos más útil en ese momento, elementos de protección. Creemos, más allá de la actividad, haber conseguido el objetivo, ya que más de 50 reuniones con nuestros clientes y potenciales clientes, desde el cómo ayudar y conocer cómo estaban viviendo el momento, nos ayudaron a entender, aprender y crecer junto a ellos.*

Manteniendo nuestra cuarentena, con emociones ya en dificultad de manejar, comenzamos a comer más de lo habitual y a comprar cosas que nos despachaban a casa; ya queríamos reunirnos con el resto de nuestra familia, pololas, amigos, en fin, queríamos hacer lo que hacíamos. Hubo mucho de streaming por ocio y en el trabajo ya en línea full con 18 horas de reuniones al día, una tras otra, intentando hacer lo mejor posible, algo que muchos no habían hecho nunca y que estaban en pleno aprendizaje. Muchos mercados, a esta instancia, ya estaban muy golpeados con meses de para. Ya se comenzaba a conversar que el Teletrabajo llegó para quedarse, sin grandes definiciones, pero entendiendo que funcionaba, se podía y que bajaba costos operacionales en forma importante para las compañías. Era sin duda un tema a proyectar. En este acostumbramiento obligado, se nos vino el acompañante de la pandemia: el aviso de una importante recesión económica, que ponía en jaque a todos, sumaba más incertidumbre y ya veíamos el impacto directo en algunos de nuestros cercanos, cómo el futuro próximo ya no era tan parecido y, por el contrario, nos vimos afectados directamente. Mucha gente comenzó a sufrir no sólo la incertidumbre, sino que ya la falta de ingresos mermaba a muchas familias y comenzamos a pasarla mal. Lejos de nuestro quehacer habitual, no quisimos ser espectadores y nuevamente quisimos participar y apoyar desde nuestra posición personal con un granito de arena, y se nos ocurrió invitar a nuestros clientes y amigos a participar junto a nosotros en la campaña "bandana solidaria", donde invitábamos a todos a publicar una fotografía con la bandana de la campaña y por cada foto donaríamos una caja de alimentos al colegio "nnnnn". Con un apoyo increíble, tuvimos un éxito rotundo y pudimos hacer llegar 50 cajas con alimentos a quienes lo estaban necesitando y en ese momento y gracias a todos, pudimos ayudar. En cuanto a la tecnología, en ese momento, dimos el salto a la Nube, la forma más fácil de mantener la disponibilidad servicios, aplicaciones y procesos, y así fue como un importante porcentaje de compañías subían contenidos a las distintas nubes públicas del mercado, para permitir seguir funcionando a sus negocios. Sufríamos con el wifi en el hogar, pero de una u otra forma, salíamos adelante con la tarea de trabajar desde casa.

Con unos índices económicos brutalmente negativos, comenzábamos el siguiente periodo y para sumar mayor aflicción a nuestras emociones se nos advertía que las fiestas patrias serian en casa y sin parafernalia. A estas alturas el encierro ya jugaba muy en contra, la incertidumbre se mantenía, pero nuestra vista de que esto era de largo aliento aumentaba y, probablemente en este momento, recién comenzamos a mirar que esto nunca más volvería a ser como era. En el ámbito personal, comenzamos a mirar dónde quedó yo en lo que sigue, comenzamos a valorar muchas cosas que pasábamos sin siquiera verlas y a imaginarnos que sería lo siguiente, documentándonos con predicciones y visiones de compañías de estudios. A estas alturas las compañías ya tenían claridad en que debían modificar muchas de las cosas que venían haciendo; rehacer, modificar, pero definitivamente cambiar.

*Es así como turismo, líneas aéreas, restaurantes, hoteles, retail y varios más son los que encabezaron la lista, sin embargo, pocos nos pusimos a pensar en cómo nos transformaríamos, pues el nuevo camino requiere de compañías reinventadas, pero también de personas que tengan su proceso de **Transformación**. En mi caso personal, como vendedor, debo ser capaz, al igual que todos, a transformarme, lo que significa entender bien hacia donde debo ir y prepararme para poder insertarme y poner la acción que me permita participar activamente y agregar valor en este nuevo escenario. Muchas veces miramos cómo suceden las cosas, pero hay algún switch que nos deja quietos, como que eso les sucede a otros, pero a mí no. La inteligencia artificial, robótica y big data, cloud, fin-tech y otras tantas tecnologías de esta atapa de transformación acelerada, generaran nuevos escenarios y formas, y así, como ya hace unos 5 años atrás nombrábamos a Uber, WhatsApp y Google como la nueva forma de hacer, todos muy sorprendidos con el proceso de "Convergencia", hoy se generaran nuevas sorpresas en el mundo de los negocios y la industria, y debemos no sólo verlo o esperarlo, sino que comenzar, aceleradamente, nuestro propio proceso de **Transformación**, uno que nos permita sumar valor en esta etapa de Transformación digital Acelerada... cuidando que no nos pase lo del ascensorista.*

En estas fechas, ya las compañías comenzaban a mirar sus proyecciones, asumiendo su propio proceso de transformación y mirando presupuestos para el 2021. En esta instancia, recién saltó al tapete ¡la seguridad! Tenemos conectados a mucha gente desde lugares no controlados, dispositivos variados y compartiendo espacios con periféricos no TI, subimos servicios a la Nube y hemos dado conexión a todos los que la necesitan para mantener la continuidad operativa, con las herramientas básicas de ciberseguridad. ¡¡Wow!! Aquí se manifiestan los tres pilares base que todas las compañías deberán revisar en materia de ciberseguridad.

1. Conectividad Segura para colaboradores y quien lo necesite; los nuevos procesos serán digitales y la expansión será para ubicuidad, diversos dispositivos y quien lo necesite, rápido, flexible y sin agentes.

2. Nube, ambientes multinube, flexibilidad, velocidad y customización; los beneficios de la superficie son, sin duda, las principales amenazas, ya que la facilidad de uso y el desarrollo, permiten que se transforme en un ambiente de cambios permanentes, donde el compliance y la foto del momento cambia a cada instante. Herramientas de monitoreo y gestión inteligente serán fundamentales

3. Integración, arquitectura y estrategia de ciberseguridad; aumentar los costos sumando diversidad de productos sólo hará eso, aumentar costos y complejidad, los ambientes abiertos aumentan las brechas, pero, en lo fundamental, son cambiantes por lo que salir a comprar productos cada vez, hará muy difícil aprobar presupuestos. La integración de ambientes en ciberseguridad será la clave para la transformación digital acelerada.

Finalmente, con algo más de calma por el año vivido y preparándonos para lo que sigue, hemos querido invitarlos a nuestra última actividad de este 2020, con un llamado a su **Transformación** *personal y profesional, la búsqueda de su propósito y la forma de sumar valor en esta nueva vida de transformación digital acelerada. Por nuestro lado, estamos muy agradecidos con todos quienes nos permitieron avanzar con nuestras ideas, nos apoyaron con el negocio y permitieron que, en lo profesional, pudiésemos acercarnos a los objetivos planteados en un año difícil. Ya estamos preparándonos para 2022, donde no dejaremos que nos pase por encima, y hemos preparado nuestra* **Transformación** *para surfear en él, ser un activo participe y aportar con lo que sabemos hacer bien.*

Un gran saludo a todos.

Francisco Del Real.

Coach en Liderazgo y Negocios.

UNO

EXPERIENCIA

El trabajar tantos años en corporaciones tecnológicas, me permitió comprender los avances y el impacto de ellas en nuestra vida, y mi desarrollo profesional se ha forjado desde allí. Poder entender las tecnologías de alta gama y bajarlas al nivel de impacto del negocio de mis clientes o explicar en forma fácil el impacto de ésta en las personas y nuestra vida cotidiana. Hace ya más de 12 años que converso de transformación digital y el impacto de ésta en nuestros estilos de vida, desde allí comencé a leer sobre este proceso que recién comenzaba para todos nosotros en abril del 2020.

En este casi retiro para pensar, revisé bien lo que nos estaba sucediendo, leí y me asesoré de compañías de estudio de tendencias, y revisé, luego de esto, mis reales capacidades para enfrentar lo que se venía. Vi que mis herramientas tradicionales ya no estaban siendo tan efectivas y que necesitaba de un plan, una actualización del cómo, y focalizarme para desarrollar una nueva forma de realizar mi trabajo.

Desde ese lugar, generé mi plan COVID 2020, que me permitió estar muy por encima de los resultados que logró mi región ese año. Tan exitoso resultó, que me pidieron que generara un plan para que toda la región pudiese aprovechar las herramientas que habíamos utilizado en mi programa local. Y fue así como apoyamos y empoderamos a mis colegas de la región para que pudiesen también mejorar sus resultados.

Mas allá de la satisfacción de poder aportar al equipo, me di cuenta de que había sido capaz de crear un modelo que servía no sólo a mí, sino que podía servir a más emprendedores, personas de ventas y negocios, y es así como pude dar mi segundo paso a la idea de escribir que rondaba en mi cabeza. Ahora, más allá de las ganas tenía algo que podía traspasar, herramientas de uso o, al menos, muestras de un camino con cosas que funcionan. Sin embargo, sentía que aún faltaba el objetivo a lograr.

Entendiendo que el proceso seria largo, busqué aprendizajes para el tiempo que estaría en casa de donde rescato dos grandes aportes de transformación en mi en estos últimos dos años: el primero fue haber profundizado en la Cábala, de lo que espero poder comentarles más adelante y el segundo fue haber tomado la mentoría en John Maxwell Team, donde alcancé mi certificación como coach y conferencista, pero, fundamentalmente, el haberme incorporado al Team "Cambia tu Mundo" (CYW en inglés), desde donde he aportado con mesas de Transformación y conocí lo que me faltaba para poder escribir el libro que quería.

La palabra **Transformación** se convirtió en mi meta, en la clave y el principio de todo.

Participé, durante mi vida, en un sinnúmero de talleres, y de pronto comencé a reflexionar en cuánto me sirvieron cada participación, cada concepto, en éste, mi propio viaje. También me di cuenta de que muchas veces el entusiasmo acababa a la semana siguiente, en otras retuve algunas cosas que hasta hoy recuerdo y en otras me vine lleno de información que probablemente nunca más revisaré, algo así como en el colegio. Por lo mismo, comencé a buscar cómo podría yo generar un modelo que me permitiera traspasar vivencias, ejemplos y experiencias propias, de forma práctica para empoderar a otras personas u organizaciones.

Sobre todo, aquellas herramientas e historias que realmente sirvieran para provocar más que un cambio, que ha quedado comprobado que es de corto plazo, ya que nos hacemos un autoboicot rápido y volvemos atrás.

En esa búsqueda, conocí la **Transformación**, si bien es cierto, la había experimentado yo mismo sin tener una metodología, y casi sin darme cuenta del proceso. Pero, fue cuando me involucré en el team "Cambia tu Mundo" en John Maxwell, que me di cuenta de que existía una forma metodológica bajo la cual se podía llevar el proceso, no exento de esfuerzo, para conseguir los objetivos de mejora buscados, partiendo desde uno mismo.

Esto fue lo que me motivó a iniciar este viaje, para el cual me preparé por largo rato y en el que me gustaría influenciar, equipar y preparar a la mayor cantidad de personas posibles, para transformarlos en líderes en sus negocios. Todos venimos a este mundo equipados, sólo que algunos encontramos las herramientas más fácilmente, pero si alguien te ayuda a mostrar el camino, el resto es propósito, actitud y esfuerzo personal, para avanzar hacia la otra orilla.

DOS

MI PROPIO PROCESO

Les contaré una historia personal: hace ya varios años atrás, cuando ni siquiera pensaba en iniciar el viaje que me trajo hasta aquí, conocí a una persona que me encontró recorriendo la vida en el pedestal del poder y del éxito, ya que llegué a ser muy reconocido en mi mercado por lo que hacía profesionalmente. Conseguía logros de cumplimiento de objetivos del negocio cada año, lo que me permitía tener cosas, viajes, premios, poder. Yo creía eso era el éxito, hasta ese entonces.

La conocí en un momento de mi vida en el cual debía estar abatido, ya que me estaba separando de un matrimonio de 27 años y me acababan de despedir del que probablemente fue el trabajo que me permitió tener un despegue profesional y conocer un espacio que, hasta entonces, no había conocido en el mundo corporativo. Sin embargo, mi autoestima elevada y el haber aprendido a nadar entre tiburones tempranamente, sumado a mi falta de emocionalidad y espíritu, hacían que ni siquiera me diera cuenta de la situación que estaba pasando. Así pues, cuando conocí a esta psicóloga de "out placement" (apoyo de reinserción laboral para ejecutivos) que intentaba trabajar en mí la autoestima supuestamente destruida que debía tener por todo lo que estaba pasando, se encontró con un animal competitivo, con un único foco, que no escuchaba y seguía adelante, pasando por sobre cualquiera que se interpusiera en su objetivo, que no era otro que cumplir objetivos.

De esta forma, lo menos que ofrecí en ese momento, fue asociarme con ellos y ampliar su negocio o hacer otros, en fin, no había espacio para una conversación distinta de la que yo quería llevar y de lo que era mi mundo. Fue en ese momento cuando ella logra conseguir una pausa en mí y me pregunta...

Yo soy un tipo que lidera los temas en que se involucra, por lo que habitualmente, en mi vida, ponía las pautas de conversación y, obviamente, me movía con mucha seguridad allí, sin embargo, esta vez me habían puesto en un lugar de conversación donde ni siquiera entendía de que quería conversar. Tras una pausa y un par de preguntas más, me acalló y movió a un lugar bastante lejano y desconocido para mí en esas instancias. Luego de un largo silencio y algunas respuestas vagas y básicas donde no llegué a nada, sólo me llevó a una postura pensativa, pero sin saber ni cómo empezar.

Este fue probablemente mi primer momento de reacción para darme cuenta de que había sólo medio yo. Si lo nombramos sería el Ego y el Ser, este último no habitaba en mí mientras que el primero estaba sobrealimentado.

Este momento, probablemente, es una sensación que sentimos todos cuando te indican que debes moverte de donde estás. Tú sientes que hace sentido, pero probablemente no encuentras las herramientas ni visualices tus capacidades para moverte hacia la otra orilla.

Por distintos motivos, todos probablemente pasamos por estos momentos, y luego procesos y muchas veces nos entrampamos, ya que no sabemos ni por donde comenzar. Termino la historia contándoles que, con unas varias reuniones más, fuimos conversando de cosas tan básicas como la confusión de lo espiritual y la religión, de vivir por un propósito, de tener una vista de cómo trascender, cómo transformar la experiencia en sabiduría y, lo principal, de salir del *yo* y conocer la empatía, la humildad, evitar la ira..., en fin, entender y administrar de buena forma las emociones. De igual forma, aprendí que los frutos de la observación de una misma cosa pueden ser distintos, que las personas actuamos desde lugares distintos y que las cosas nos afectan de diferentes formas; desde allí, con cosas que pueden sonar muy básicas, inició el viaje ese animal competitivo que era yo.

Las personas como yo en esos momentos, que no tienen un balance entre su Ego y su Ser, les es imposible ver el faltante de ese balance, ya que vivimos la vida sólo pensando en la consecución de objetivos, logros, rentabilidad y fama o lo que entendamos como éxito. Con esa mirada, mi liderazgo en esos entonces era muy duro, exigente, y pasaba por sobre todo aquello que detenía el proceso definido o visualizado por mí. Era reconocido por el logro, pero probablemente no querido por las formas, ya que privilegiaba sólo al tipo de personas que calzaban en mi perfil de cómo se hacen las cosas, dejando atrás a muchos otros en quienes nunca me detuve, ya que lo único importante era llegar. Quien cayera en el camino no era de mi interés.

Por años tuve mucho éxito como vendedor, gané muchos premios y dinero, sin embargo, hoy miro hacia atrás desde mi proceso de transformación con un liderazgo de apoyo, ayuda, empoderamiento y focalizado en traspasar la experiencia para generar lideres, y sólo veo cuánto pude haber hecho distinto y que probablemente me hubiera movido a mayores logros, pero desde el lugar correcto.

Así, hace ya 11 años que comencé mi proceso de transformación, un viaje que me dio el balance necesario para vivir la vida, disfrutarla y ser feliz desde la plenitud, no desde la consecución de objetivos, haciendo lo que me gusta y sintiéndome pleno. Desde allí comencé a pensar en cómo poder transmitir el modelo, las herramientas y la experiencia vivida, para apoyar y empoderar a otros. Más allá de los deseos y ganas de hacerlo, no sabía cómo ni tampoco quería quedar en entregar recetas, de las que muchas personas que conozco comentan, indicándome que suena lógico, pero ninguna supimos cómo empezar, ni el camino para llegar. Vuelvo a donde comencé estas líneas y, justamente, la idea era escribir un libro que realmente pudiera ayudar a muchos a desarrollar al líder, emprendedor y vendedor que llevan dentro y que interactúa en muchos, por no decir en casi todos, los momentos de nuestra vida.

Por lo tanto, en las siguientes paginas no les contaré la historia de mi proceso, sino que les mostraré los caminos, enseñaré los pasos y contaré algunas historias entretenidas sobre los 10 pasos que nos encaminan hacia la **Transformación**.

TRES

ORDENANDO NUESTRA CAJA DE HERRAMIENTAS

¡Comencemos el viaje! Quiero indicarles que todo lo que podrán leer acá viene de la experiencia, es decir, son vivencias personales que me ayudaron en la vida y me permitieron avanzar en pos de mis objetivos. Sin embargo, no se trata de un manual, ya que ustedes deben, basados en éstas, tener sus propias vivencias, rescatar lo que más se adecúe a su momento y utilizarlo como hoja de ruta para avanzar por el camino de la transformación.

Porque ir hacia la transformación y la verdad permanentemente que ofrece, estamos exigiéndonos cambios, bajar de peso, cambiar el color de pelo, hacer ejercicio, etc. Y también, generalmente iniciamos procesos de cambio, pero nos auto boicoteamos en el corto plazo o definitivamente postergamos la fecha de inicio. Esto funciona así, porque la mayoría de las veces intentamos hacer cosas sin un propósito. La pandemia ha sido un ejemplo de esto, más allá de ser un proceso nunca vivido y que nos sorprendió y generó incertidumbre a todos, a muchos los dejó llenos de emociones de ira y molestia, por lo que dejaron pasar un largo e importante tiempo que podrían haber invertido en visionar para crecer; ahora que ya podremos, poco a poco, salir nuevamente, nos vamos a encontrar con una nueva forma de hacer en muchas de las áreas conocidas y que, tal como la transformación digital, llego para quedarse. En los próximos dos años serán aún más las sorpresas de cambio y de cómo se agrega valor en estos nuevos escenarios.

Diez años atrás yo conversaba de la convergencia, *momentum* en que la tecnología unió los dos mundos tecnológicos, el Personal y el Corporativo, donde todos aquellos procesos que eran cerrados y utilizables sólo en los entornos de oficina, debieron abrirse para poder acceder desde cualquier lugar mediante una conexión; los procesos de virtualización permitieron que las aplicaciones de oficina, pudiesen ser utilizadas de forma fácil y ubicua, igual y como hacíamos en nuestra vida tecnológica personal. Así fue como cosas hoy tan propias nacieron: los espacios con Wifi, Streaming de video, de música, marketing digital, influencers, negocios en que los activos no eran propios y el boom de redes sociales. Bueno, estamos ad-portas de lo que llamamos la Transformación Digital Acelerada; tecnológicamente, la nube, las redes 5G y la inteligencia artificial, serán los disparadores o percutores de esta nueva etapa de innovaciones que pondrá sobre la mesa situaciones aun no previstas por nosotros, pero que al igual que la versión anterior, en pocos años se transformarán en lo habitual.

Este *momentum*, ha llevado a las empresas de tendencias a acuñar el término "pensar fuera de la caja", lo que significa innovación y creatividad. La creatividad es algo más intrínseco, por lo que es un poco difícil sacarla a relucir cuando no está tan a flor de piel, es como pedirle ser chistoso a alguien que le cuesta encontrar el sentido del humor, pero sin duda se puede desarrollar.

La innovación es agregar valor por lo que la innovación debería ser un concepto de vida diario de cada uno de nosotros, como agregar valor a cada una de las actividades, relaciones y trabajos. El pensar en que voy a innovar hoy, permite agilidad, visión, amplitud y liderazgo, ya que la mirada fuera de la caja permite visionar e influenciar con ella a otros. Esto aprendí en John Maxwell Team, líderes que preparan a líderes y, basado en mi experiencia, es justamente lo que me gustaría poder transmitir para ayudar en la partida de muchos nuevos lideres.

Este libro nació desde fuera de la caja.

Cuando me involucré en "cambia tu mundo con John Maxwell Team" salí de la caja y entendí que era un proceso de Transformación. Como probablemente todos, muchas veces, hemos pensado en cambiar las cosas de nuestro ecosistema o entorno y hemos abandonado rápido, pensando que no es posible que los demás cambien y por ende pasaremos un mal rato y será una pérdida de tiempo. Y si no vamos a hacerlo rápido, entonces ¿para qué avanzar allí? Esto es muy normal en nosotros, una situación habitual es, por ejemplo, cuando nos piden un consejo, lo que hacemos es indicar cuál sería nuestra forma de resolver esa situación e intentar llevar a la otra persona a que comparta el punto o actúe como lo hacemos nosotros. Cuando conocí los nueve tipos de personalidades y sus ascendentes, en el *eneagrama*, aprendí que las formas, el sentir, el actuar, y las situaciones externas afectan de distinta manera a las personas según su *eneatipo*, por lo que intentar que una persona emocional actúe de forma visceral e inmediatamente pase a la acción, es sin duda una tarea difícil, por no decir imposible, ya que, primeramente, necesitara sentir la emoción antes de actuar. Mi liderazgo anterior funcionaba de esa forma, todo aquél que no seguía el camino como yo indicaba, se quedaba al margen y probablemente herido. Imaginen lo que significaría para nosotros, los vendedores o emprendedores, conocer el eneatipo de nuestros clientes, entonces nuestro actuar podría adecuarse de mejor forma, provocando que nuestros mensajes puedan ser mejor recibidos y asimilados. De la misma forma, la neurociencia, que nos muestra cómo reacciona nuestro cerebro ante ciertas situaciones o, mejor aún, la *neuroventa*, que resuelve cómo nuestra mente funciona para comprar o por qué lo hace... Más adelante estaremos conversando de esto, por ahora volvemos a la *Transformación*.

Utilizando los principios de *JMT** y participando en las mesas de transformación fue donde finalmente vino el clic que me faltaba para entender que el mundo se cambia desde uno mismo, líderes preparan líderes, pero lo primero que debes aprender es a liderarte a ti mismo.

Desde allí entendí que el cambio es bueno, pero no es perecedero. Muchas veces me enfrenté a la necesidad de cambiar y, si bien es cierto que lo logré, fue breve y sólo proporcionó apoyo a corto plazo, sin embargo, ahora entiendo que, para realmente llegar a la otra orilla, es necesario un paso más.

Es necesario *transformarnos*.

Entonces... ¿por qué transformarnos? ¿Para qué? Primero, porque este nuevo mundo nos pedirá a todos innovación y adaptación, recuerden que en esa ecuación se debe de agregar valor, es una nueva forma de hacer, nuestras relaciones, los negocios y ecosistemas; además, hemos observado que todos están teniendo cambios y debemos estar preparados para no sólo aceptarlos, sino ser generadores de innovación en estos nuevos escenarios. El ejemplo más tangible e inmediato de esto es el *retail*.

Me tocó vivir, en los primeros años del nuevo milenio, el proceso de expansión territorial de los grandes *retailers* chilenos en Latinoamérica, donde la consigna era poner primero y más rápido banderas en países fuera de Chile para marcar su expansión, comprando terrenos y abriendo grandes salas de venta en distintos países de la región, esto los llevó a posicionarse dentro de los cinco más grandes de Latinoamérica muy rápidamente.

Grandes salas de venta y mucha gente preparada para atender a cientos de clientes por hora. Bueno, miremos ese negocio hoy, el comercio electrónico creció en 2 dígitos en los 5 primeros meses de pandemia en 2020 y hoy ya es un modelo que se queda, por lo que toda la energía volcada a esos grandes salones, hoy se mueve hacia la logística; la satisfacción del cliente se movió rápidamente y hoy valoramos que se entregue en tiempo y forma, que existan fáciles mecanismos de cambio o devolución y que exista un proceso de seguimiento que me muestre a cada instante en que va mi pedido. Así se moverán las grandes corporaciones para adecuar sus procesos y modelos de venta. Y nosotros, las personas, los vendedores, los líderes comerciales, ¿dónde innovaremos para agregar valor en esta nueva ecuación?

Lo mismo está sucediendo en el sector Financiero, las nuevas formas *Fintech*, están dejando en una situación incómoda a las elegantes sucursales bancarias, donde, probablemente, los que tenemos más edad aun podremos tener un sentido de acudir en persona, pero el gran mercado está en las nuevas generaciones, donde el tiempo se valora de forma distinta y todo aquello que no sea digital, no se accede y debe, además, ser inmediato. Es por esto por lo que los portales de comercio electrónico, Market Place, y otras tantas formas que automatizan los procesos, cambiarán también este mundo

Debemos tener mucho cuidado de no caer en el síndrome del ascensorista. Nos sentíamos muy seguros porque el presidente de la compañía conversaba todas las mañanas con nosotros, sin embargo, la automatización no avisó que venía tan rápido, o sencillamente no me di cuenta de que ya venía y postergué mi decisión de innovar y agregar valor a mi propio trabajo y ahora me encuentro en la calle.

Los cambios que nos propone la nueva era digital en ningún caso son apocalípticos, sino probablemente todo lo contrario, a través del acercamiento de la tecnología a las personas mejorará nuestra vida cotidiana y nuestros estilos de vida. Sin embargo, dado esto, muchas cosas que conocemos comenzarán a cambiar o a hacerse de forma distinta, de allí la exigencia de nuestro propio modelo de *transformación*.

CUATRO

DESDE EL CAMBIO A LA TRANSFORMACION

Desde años atrás, en el ámbito profesional nos movían a cambiar, a ser adaptable a los cambios y era una característica muy valorada en los lideres, ya que permitía flexibilidad, velocidad y cambios de puntos de vista en forma rápida que actuaban e impactaban directamente el negocio.

La adaptación al cambio, moverse y visionar, son cualidades absolutamente necesarias en el liderazgo, además de ser características que, para quienes vivimos estas épocas, fue muy útil poder abrazar dichas aptitudes para ascender en nuestras carreras. La era digital nos llevará a movernos a lugares un poco más alejados de nuestras zonas de confort, la

*IA o inteligencia artificial, el *Machine Learning y la robótica, por nombrar las más conocidas, sin parar de sorprendernos con las Ciudades inteligentes, los Drones y otras tantas aventuras digitales que comenzaremos a vivir.

Con tanto aviso de cambio en el hacer y en las formas, términos como el trabajo híbrido, la hiperconectividad, la hipercontactabilidad y la omnicanalidad, facilitarán los procesos de venta y compra, pero también nos exigirán adaptarnos, lo que es un poco más duro, y conlleva un plan de crecimiento personal para poder innovar en nuestro hacer con la finalidad de adaptarnos a estas nuevas formas.

Desde aquí nace la transformación, el cambio es el objetivo, sin embargo, la transformación parte desde el propósito, no del objetivo. El propósito es estratégico, es porque quiero moverme hasta allá, a cuánta gente influenciaré o beneficiaré con ello y qué lograremos al final si lo hacemos bien.

El propósito va asociado a un camino que hay que seguir y cumplir sus etapas, ya que el propósito está asociado al alma de lo que eres, no se puede inventar, no se puede promover algo que no eres, ya que no te entregará la energía del placer de hacer lo que te gusta y probablemente abandonarás en el camino.

Para entender mejor esto del Propósito, por allá por 2010 conocí a Simon Sinek quien nos habló de las Creencias, de la verdadera razón de Por qué, y no del Qué y el Cómo; así fue como pude entender mejor el concepto y focalizarme en la búsqueda de mi propio propósito. "Él es el creador del círculo de oro, donde indica que los lideres que trascienden, que inspiran y que influencian, hablan desde el "Porque", ya que desde allí nacen las creencias que permiten, en forma natural, transmitir sueños, influenciar y motivar desde el liderazgo."

Este cuento filosófico explora la importancia de las razones por las que hacemos las cosas, su propósito, y cómo estas pueden contribuir a la sociedad, más allá de los logros que podamos conseguir por nuestra propia cuenta y para beneficio propio.

A finales del siglo XIX, el ser humano estaba a punto de crear un invento revolucionario: el aeroplano con motor, que más tarde daría lugar al avión, tal y como hoy lo conocemos. Por aquél entonces, el gran experto en el campo de la aeronáutica era el astrónomo y físico estadounidense, Samuel Pierpont Langley. Tenía todo lo necesario para triunfar en semejante hazaña. Era un profesor de matemáticas con gran reconocimiento y prestigio social, a lo largo de su carrera había recibido numerosos premios, su agenda rebosaba de buenos contactos, y entre sus amigos figuraban importantes políticos y poderosos hombres de negocios. De hecho, el Gobierno norteamericano financió enteramente su proyecto.

Así fue como Langley pudo contratar a las mentes más privilegiadas de la época. En su equipo se encontraban los mejores ingenieros mecánicos del momento, además, también contaba con los materiales perfectos para fabricar un avión en condiciones. El New York Times seguía todos sus pasos, acompañando a Langley allá donde fuera. De hecho, empezó a ser conocido como «el hombre que iba a hacer volar a la humanidad».

Por aquel tiempo, los hermanos Orville y Wilbur Wright también estaban construyendo un aeroplano con motor en Estados Unidos. A diferencia de Langley, no parecía que tuvieran ninguna oportunidad para lograr el éxito en su empeño. Eran fabricantes de bicicletas. No tenían ningún tipo de subvención económica, ni tampoco contactos o expertos que pudieran ayudarles. Financiaron su sueño con los beneficios de su tienda de bicicletas, y ningún miembro de su equipo había pasado por la universidad.

Eso sí, los hermanos Wright tenían un sueño. Un propósito. Sabían por qué era importante construir aquel avión y para qué serviría. Estaban entusiasmados en averiguar el problema físico que les separaba de encontrar la solución.

Imaginaban los beneficios que su invento aportaría al resto del mundo. Su proyecto aeronáutico tenía un sentido trascendente que iba más allá de sí mismos.

A Langley, en cambio, le movía la ambición personal. Quería adquirir el nivel de prestigio de otros grandes inventores de la época, como Alexander Graham Bell o Thomas Alva Edison. Langley perseguía un objetivo, pero no tenía un porqué ni un para qué bien definidos. No pensaba tanto en el impacto que el avión iba a tener en la humanidad, sino en lo que él podría obtener a cambio como recompensa. Aspiraba a ser rico y famoso, recordado para siempre como el inventor del avión. Esa era su motivación. Por eso no vivía su trabajo con la pasión de los hermanos Wright, más bien padecía cierta ansiedad y miedo por no ser el primero en conseguirlo.

Intento tras intento, ni Langley ni los hermanos Wright conseguían surcar el cielo con su aeroplano. Y, mientras que el equipo de Langley empezó a frustrarse e impacientarse, los hermanos Wright fueron contagiando e inspirando a toda su comunidad para que creyeran en su sueño. Y así fue como el 17 de diciembre de 1903, en un campo de Kitty Hawk en Carolina del Norte, los hermanos Wright volaron por el cielo. Durante 59 segundos estuvieron 400 metros por encima del suelo. Fue el primer vuelo con motor de la historia.

¿Qué hizo que Orville y Wilbur lograran lo que el propio Estado, representado por el prestigioso equipo liderado por Samuel Pierpont Langley, no pudo conseguir? Tanto los hermanos Wright como Langley trataban de crear lo mismo. Sin embargo, los hermanos Wright tenían inspiración. Su empeño estaba siempre puesto en la contribución que iba a generar a la sociedad. No así el de Langley, que al enterarse de lo sucedido días después, abandonó la carrera. Salió del negocio. Al no ser el primero, lo dejó.

Cuento extraído del libro *Start with Why,* **de Simon Sinek.**

CINCO

PORQUÉ HACEMOS LO QUE HACEMOS

Desde allí, conocí el *propósito* que, como les indiqué, es fundamental focalizarlo y asumirlo para poder definir el camino que nos llevara a cumplir con él. Esto no significa que nuestro propósito no pueda cambiar en la medida que vamos creciendo, pues nuestra vida, los procesos adjuntos, nuestro ecosistema y por ejemplo ahora la transformación digital, nos apresuran a cambiar formas, modelos, procesos, capacidades, para avanzar a nuestro propósito, pero, en el fondo, se mantendrá, ya que nos representa.

El por qué hacemos lo que hacemos, es de suma importancia, y muchas veces dejamos los deseos que se nos vienen a la mente allí almacenados, sin darle la opción de poder iluminarnos de hacia dónde realmente que queremos ir, y los acallamos para seguir con nuestro día a día que les pasa por encima. Quiero contarles otra historia que nos ayudará a entender mejor esto del propósito.

El escritor Francesc Miralles, contaba en una entrevista de un viaje que realizó junto a su equipo a Japón y decía:

El Ikigai es la palabra que descubrimos en nuestro trabajo de campo en Okinawa. De hecho, íbamos buscando cosas sobre alimentación, sobre estilo de vida, relaciones, ejercicio físico, que era lo que nosotros sabíamos, un poco, de la cultura de Okinawa, que ya es muy conocida porque es una zona azul muy potente, la número uno, de hecho. "Zona azul" es aquel lugar donde se vive mucho más que en el resto de mundo, porque se dan las condiciones. Entonces, al empezar a entrevistar centenarios les preguntamos: "¿Qué es lo que te impulsa cada día para levantarte de la cama? ¿Cómo puedes tener tanta energía? ¿Por qué tienes tantas ganas de vivir?".

*Entonces, una de las palabras que más surgió en estas entrevistas era: "Yo tengo mi Ikigai. El Ikigai, que está formado por dos términos japoneses, "iki" es vida y "gai" es merecer la pena, de manera **literal significa: una vida que merezca la pena**. Pero cuando se ha traducido a otros idiomas, se traduce como razón de vivir, propósito de vida, misión. El Ikigai es aquello que da un sentido a nuestra vida, básicamente.*

Hay personas que nacen prácticamente con el Ikigai y que desde muy pequeño te dirán: "Yo quiero ser médico", "yo quiero ser sacerdote" y lo acaban haciendo. Pero lo normal en el Ikigai es que sea un proceso de búsqueda y un proceso en el cual puedes tener más de uno a lo largo de la vida. Tú puedes tener un Ikigai hasta los 18 años y, de repente, entras a la universidad, te iluminas y ves que es en otra cosa donde el mundo te necesita. Entonces, Ikigai, básicamente, sería esa pasión, ese talento que tú descubres dentro de ti, que es útil al mundo y que puede ser el motor de tu vida. Y en muchas personas acaba siendo incluso su profesión.

Hay una conferencia muy bonita que quedó grabada en YouTube donde hay un profesor de la universidad Carnegie Mellon, Randy Pausch, al que le habían diagnosticado un cáncer terminal, con muy pocos meses de vida. Entonces, él decidió dar una charla a todos los alumnos de su universidad para darles un mensaje que les sirviera para el resto de su vida. El título de la conferencia era: "La importancia de recuperar los sueños infantiles".

[Conferencia Randy Pausch: https://www.youtube.com/watch?v=RCNCnQKIhYE]
Yo siempre digo que cuando una persona va perdida por la vida y ya no sabe cuál es su Ikigai, ya no sabe qué le gusta, qué quiere hacer con su vida. Entonces le digo que vaya al pasado y que recuerde, como niño, qué sueños tenía, qué quería ser de mayor. Entonces, si volvemos a recordar cómo éramos de niños, ahí podemos recuperar una esencia que nos puede devolver ese espíritu espontáneo que quizás hayamos perdido ahora.

Nuestra sociedad se estresa sola ya, con todo el tema de lo que llaman multitasking. Intentamos hacer todo al mismo tiempo, y eso es lo más contrario que hay a vivir el presente, porque estás en muchos lugares y estás haciendo muchas cosas a la vez, pero ninguna bien y no estás disfrutando con ninguna, porque, al final, el placer de hacer las cosas, el fluir, depende de hacer una sola cosa muy bien hecha. Aquí, los japoneses, nuevamente, tienen un concepto muy bonito que nos puede inspirar para salir de esa furia de hacer tantas cosas al mismo tiempo y de preocuparnos por el pasado y por el futuro, y por intentarlo hacer todo tan bien, que es: Ichigo-Ichie.

*Ichigo-Ichie significa, literalmente, **"una vez, una oportunidad"**. Pero el sentido de esta frase es: "esto que estamos viviendo ahora mismo, no se repetirá nunca más". Es darnos cuenta del carácter único de cada momento y que, por lo tanto, merece la pena que celebremos juntos este momento. Y esto lo introdujo uno de los primeros maestros de té, hace ya cuatro siglos, que* *escribió un protocolo de cómo tenía que ser una ceremonia del té.*

Uno de los maestros dijo: "Trata a tus invitados con Ichigo-Ichie", es decir, como si no los volvieras a ver nunca más en tu vida y el recuerdo que se llevarán de ti fuera éste. Entonces, yo creo que el ser humano a veces pecamos de pensar: "Bueno, hoy no he estado plenamente con mi madre porque estaba pendiente del fútbol, pero ya habrá otra oportunidad" y a veces no hay otra oportunidad. De hecho, nunca hay una oportunidad igual que ésta. Con lo cual el Ichigo-Ichie es una invitación a disfrutar de esta persona o estas personas que nos acompañan y de este día como lo que es, algo único.

Hay una viñeta de Peanuts que me gusta mucho y que es muy famosa en Estados Unidos, que se ve a Charlie Brown y a Snoopy en un embarcadero delante de un lago, y Charlie Brown le dice a Snoopy:

—— Snoopy, eres consciente de que algún día moriremos, ¿verdad?

— Sí. —contestó.

Jaló aire y miró profundamente a Charlie.

— Pero el resto de los días no.

— Entiendo.

Ese resto de días es la esencia del Ichigo-Ichie. Saber que tenemos esto, que tenemos este momento y que de nosotros depende hacerlo mejorable.

Francesc Miralles.

SEIS

*ANTES DE LA ACCIÓN Y EL OBJETIVO,
PIENSA EN TU PROPÓSITO*

Volviendo a mi historia, ustedes se podrán dar cuenta, que nunca me definí un propósito, mi vida estaba llena de objetivos y acciones para cumplirlos, lo que me llevó a conseguir logros y lo que en ese momento reconocía como éxito y, si bien es cierto que era reconocido por los logros, no lograba influenciar a las personas; lograba generar admiración, profesionalmente hablando, ya que lograba cosas, el mostrarse poderoso y el dinero atraen. Sin embargo, no lograba llegar a ellos. Esto, fundamentalmente, porque asumía que, como a mí las cosas se me daban con facilidad y tenía la capacidad de avanzar rápidamente hacia los objetivos, nunca enseñé los cómo, nunca me preocupé de los tiempos de reacción y aprendizajes de los individuos y muchas veces con un "¿entendieron?", di por superada etapas que aún no estaban completas para muchos de mis equipos. Un liderazgo directo, poco explicativo y sin tiempo de asimilación, sólo permitía poner presión, intranquilidad y finalmente tener que involucrarme, saltándome a varios de ellos para lograrlo sin enseñar el proceso para el aprendizaje. Como dije antes, sólo objetivos, nunca pensé en el propósito.

Me pregunto, ¿cuándo es que una persona comienza a pensar en su propósito?, ¿qué debe pasar en la vida de una persona para que cambie o mire la vida desde otro lugar? ¿Hay edad para que esto suceda? ¿Tendrá que ver con madurez?

Les mentiría si pudiera responder con certeza a estas preguntas, y tal como lo planteé desde el comienzo, yo me avalo en mi experiencia, por lo que será desde allí desde donde nacen mis respuestas, que en ningún caso son lo definitivo o absoluto. Para la primera pregunta, les comentaré que yo comencé mi proceso con 52 años; no les puedo garantizar que era un proceso de madurez, ya que mi alma de niño, siento, me tiene aun en camino, tampoco les puedo indicar que fue el sufrimiento, dado que muchas de las cosas que nos pasan, son acciones que nos sucederán por entrar en la última etapa del sufrimiento, si, la última etapa. El sufrimiento como tal, no acciona nada más que emociones, según la persona: pena, rabia, insatisfacción, etc. El entrar en ese proceso, no nos mueve hacia que las cosas sucedan, es decir la pasamos mal y no resolvemos nada, ya que el sufrimiento porque se nos pasó el bus, no lo traerá de vuelta.

Dicho esto, la última etapa del sufrimiento es aquella que se le dice "tocó fondo" y que, lamentablemente, va acompañada no sólo de emociones movilizadoras, sino de situaciones que no queremos volver a vivir.

Estas situaciones mueven en nosotros algo que nos lleva a buscar un cambio. El ejemplo más claro de esto son las adicciones. El entorno de un adicto sufre el proceso, porque el adicto está en un mundo paralelo, donde la responsabilidad es 0 y la evasión de la realidad es 100. Lamentablemente, todo proceso de rehabilitación comienza con un acto límite que es la etapa final del sufrimiento, que impulsa la acción de corrección.

Finalmente, si a mí me paso a los 52 años, imagino que la edad no tiene importancia para el inicio de un proceso. Si es así esto, entonces ¿de dónde nace la idea de búsqueda? Nuevamente acudo a mi camino andado y creo que respondería con: detenerse a pensar. Eso no es fácil, porque hay que salirse del ecosistema para poder abstraerse de lo cotidiano y poder pensar... y pensar en ¿qué? Ahí está la clave, creo yo, en uno mismo, mirarse realistamente, con virtudes, defectos, cómo quiero seguir, qué me da satisfacción, cómo veo los sentimientos, cómo aplican en mí, la espiritualidad que existe en mí, o si prefiero las religiones, si creo en Dios, si es Él hacia donde quiero ir, qué es el amor para mí, si entiendo la compasión, la empatía, etc. ¿Cómo me estoy relacionando?, ¿cómo me ven aquellos en mi ecosistema?, ¿qué estoy dejando allí?, si saliera ahora ¿cómo me recordarían?, en fin, trascendencia, propósito, felicidad. Muchas cosas que, la verdad, yo nunca me pregunté y creo pueden existir más personas como yo en este mundo, que tampoco han llegado a la instancia inquisidora de nuestro propio yo.

Es muy snob decirlo, ya que procesos de este tipo los pasó mucha gente influyente o famosa, desde los Beatles hasta Steve Jobs. El que me haya pasado a mí y lo pueda comentar, siendo un mortal común, es probablemente otra motivación para escribir, ya que soy un convencido que la Transformación es posible en todo nivel, si recorremos el camino que les iré contando en estos 10 pasos.

Muchas veces nos boicoteamos y ni siquiera partimos, ya que nos respondemos con cosas así: "es bonito, pero no es para mí", "es tremendamente caro", "no es posible porque es un riesgo", etc. La mente nos juega en contra y esto, entre otras cosas, se debe a las creencias limitantes, paradigmas, costumbres y pensamientos que se han ido formando en nosotros, de acuerdo con los ambientes en los que nos ha tocado vivir y, lamentablemente, como su nombre lo indica, son limitantes para nosotros mismos, ya que creemos que no es posible pasar el puente, porque en nuestro entorno nadie lo ha pasado o en nuestra historia nadie lo hizo, o simplemente "¿cómo voy a ser yo el primero?". Este momento de análisis es tremendamente importante ya que, si bien es cierto, muchas veces estamos limitados por el entorno que nos baja en forma rápida desde nuestra nube de sueños. También les puedo comentar que, por haberlo vivido, puedo garantizar que los procesos de transformación son posibles si estamos dispuestos a recorrer el viaje.

Partiré contándoles mi propia historia: la primera limitante que nos nace al momento de soñar es la económica. Ya que en un mundo donde la economía es el principal pilar de evaluación y sostén, llevamos todas nuestras ideas a costo y, si somos personas comunes, sin duda el no tener recursos limita absolutamente el siguiente paso; pues bien, a diferencia de gurúes que han tenido un éxito económico importante en sus vidas y sobresalen por aquello, les contaré que yo puedo decirles que tengo un buen vivir y soy muy feliz, pero estoy lejos de ser una persona rica, sin embargo, puedo confesarles que tengo mi deseo cumplido, ya que nunca deseé tener dinero y ser rico, sino que siempre quise y pedí tener un buen vivir, que es lo que el mundo infinito me dio. Bueno, volviendo a mí, les contaré que nací en una familia de la denominada clase media, en mi país de Chile, donde estábamos sobre la línea de pobreza, pero sin excedentes para nada distinto de las necesidades básicas. Mi padre, vendedor, generaba ingresos que tenían que ser aumentados gracias a la creatividad de mi madre, que se las ingeniaba inventando negocios. También debo contarles que, en la primera etapa de vida, además de mis padres y hermana, en mi casa también vivían con nosotros, mi abuela materna y mi tía, hermana menor de mi madre. ¿Porque cuento esto? Porque al ser el primer sobrino de mi tía y el nieto que vivía con su abuela, me entregaron mucho amor, más el de mis propios padres; juntos me generaron una niñez inolvidable que, al mirar hoy hacia atrás, sin duda me ayudó mucho a formar la persona que hoy soy.

A mi madre se le ocurrió, no sé por qué, llevarme al colegio con 4 años, dos menos de los necesarios para ingresar, por lo que a los 15 años ya estaba egresando, pero más allá de ello, tuve que darme cuenta y, tempranamente, desarrollar herramientas para sobrevivir en un ámbito 2 años mayor, por lo que el bullying, de pequeño me hizo reaccionar y rápidamente aprender para posicionarme en este acuario lleno de tiburones. Al ir creciendo en mi hábitat, me fui dando cuenta que había familias que vivían con mayores comodidades que las nuestras, muy cercanas, además, a mi familia, y con muy poca edad; vi que la mayoría de los que les iba bien eran Gerentes, por lo que mi objetivo de vida, para cumplir el vivir bien que era mi petición, era que debía ser Gerente. Y así fue como a los 25 años, luego de salir de la Universidad y con varios capítulos de preparación adicionales, conseguí el cargo de Gerente y lo que el traía adjunto en esos años, ya que en esos tiempos las oficinas rimbombantes y tener secretaria iban incluidas con el cargo, además del poder, ya que los liderazgos en esas épocas eran piramidales y ya ni qué decir del dinero que recompensaba por el tiempo prestado. Les comento de paso, que mi padre no era profesional y que, con el esfuerzo de su labor de vendedor y el apoyo incondicional de mi madre, pudieron pagar mi carrera, la que me comprometí a sacar en tiempo para ayudar al esfuerzo.

Esta parte de historia personal, la traigo a colación justamente para mostrar de dónde vengo y que es posible pasar al siguiente nivel, aun cuando no se cuente con los recursos económicos, como lo es mi caso. Yo tenía un objetivo y fui consecuente para conseguirlo, haciendo y cumpliendo los pasos necesarios. Si bien es cierto, a la edad de adolescente no sabía cuáles eran esos pasos, pero en el camino fui conociendo espacios y caminos de logros que fui sumando. Ya más adelante les contaré cuándo salí del objetivo y me moví al propósito, pero por ahora, volvamos justamente a eso, el propósito. Ya indicamos que el propósito es el por qué hago lo que hago y el impacto que eso tiene en mi ecosistema, que además debe darme satisfacción y, adicionalmente, permitirme vivir la vida que deseo. Pues bien, los propósitos, van acompañados de un camino o un viaje que uno tiene que estar dispuesto a recorrer y, por lo general, te mueven desde tu lugar de comodidad y te llevan a dejar de hacer cosas que haces habitualmente y te gustan por otras que son nuevas, que requieren esfuerzo y que no necesariamente te muestran resultados en forma inmediata. Es por ello por lo que cuesta tanto la partida, ya que nuestra mente se encarga de rápidamente hacernos volver a lo que ella conoce como nuestros hábitos. Y nos trae avisos que dificultan aún más el camino, ya de por sí difícil, de la transformación. El propósito es de suma importancia, ya que, si realmente es lo que quiero lograr, este viaje de cambios y de aprendizaje pasa, no les diré que, con gusto y alegría, ya que requiere esfuerzo, pero el pensar en lo que conseguirás al final imprime el avance con mayor energía y sentido, ejemplo de ello, es lo rápido que pasan cinco minutos interactuando en redes sociales tirado en nuestra cama, y lo difícil y largos que son esos 5 minutos haciendo abdominales.

SIETE

CINCO MINUTOS HACIENDO ABDOMINALES

Les contaré otra historia: por allá por 1978, Chile y Argentina estuvieron a punto de entrar en conflicto bélico y por esos años yo tenía postergado, por estudios, el servicio militar. En aquél entonces era obligatorio en Chile, la verdad yo no tengo ningún acercamiento de disfrute con la vida militar, la disciplina, el poder jerárquico, vestir uniforme, cortarse el pelo y otras tantas acciones y actitudes que se deben tener para disfrutar de esa vida, probablemente conmigo no venía ninguna de ellas. Sin embargo, se les ocurrió generar un curso especial para tener como resultado oficiales de reserva, por lo que llamaron a integrarlo a todos los universitarios que tenían el servicio postergado y nos obligaron a concurrir a un proceso de 6 meses divididos en dos años, utilizando los primeros tres meses de cada año, que son los de verano en Chile y, por ende, de vacaciones. Sin ninguna opción para poder generar alguna acción que permitiera eximirse, no quedó otra que entrar, ya que era una ilegalidad no hacerlo. Me vi en esa primera instancia en la que no quería estar y veía en mis compañeros muchos como yo, que nos sentíamos obligados, pero había un grupo que estaban felices. Por distintos motivos no habían podido seguir una carrera militar y hoy, sin quererlo, se les daba la oportunidad, por lo que la mirada de ellos al proceso que iniciábamos era diametralmente opuesta a la mía. ¿Por qué comento esto? Porque, como hablamos en páginas anteriores, el conseguir nuestro propósito tiene un camino que es exigente y que no necesariamente cumple con las acciones de goce que nos gustan. Pues bien, en este caso todos aquellos que sentían que esta era una tremenda oportunidad, pasando por los mismos procesos que yo, no sentían ni aburrimiento, ni dureza, ni la falta de sentido. Por el contrario, con un propósito motivante para ellos, todo este duro proceso para mí, ellos lo disfrutaban y competían por ser los mejores. En mi caso, no formaba parte de mi propósito, pero sin duda aprendí a llevarlo de mejor manera cuando alguien me dijo, "algún día recordarás esto como anécdota y más, algo de acá te servirá de aprendizaje."

Con esta historia personal quiero graficar que el proceso para moverse al cambio y luego a la transformación, no es nada fácil, pero que, si tenemos un propósito, muchas veces los cinco minutos de abdominales pasan como si estuviéramos jugando.

El siguiente gráfico, muestra lo que se llama la curva sigmoidea, que se utiliza mucho para mostrar ciclos de lo que sea, desde la vida hasta procesos de venta.

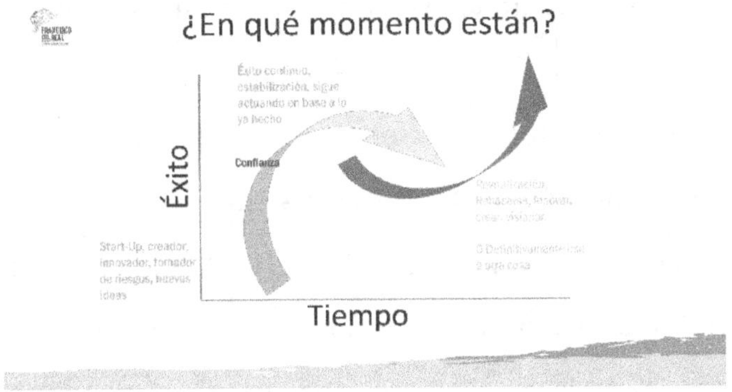

Esta representación muestra nuestro proceso cuando emprendimos alguna actividad, por ejemplo, cuando comenzamos en un nuevo trabajo; como venimos con todas las ganas y desde otro lugar, la creatividad, productividad e innovación se notan e impactan en muy poco tiempo, y sumamos desafíos, tiempo, energía y foco. Hasta que llega un punto en que ya tenemos dominado el proceso y comenzamos a disfrutar el momento en que la curva se aplana, este punto es al que popularmente llamamos "estado de confort", y es el momento en que sacamos provecho del buen trabajo realizado en el inicio. Cosa que está muy bien, sin embargo, muchas veces ese estado de comodidad lo extendemos hasta momento exagerados y nos sorprenden los cambios de entorno sin saber por qué. Es este el momento en que afloran los sentimientos de molestia, ya que comienzan a suceder cosas en nuestro entorno o ecosistema que nos afectan y no nos alcanzamos a dar cuenta. Las metas cambiaron, las exigencias cambiaron, los objetivos cambiaron, los procesos cambiaron, la digitalización, reemplazo funciones, en fin, hay un sin número de cosas que pueden afectarnos cuando exageramos el estado de confort. Debemos ser capaces de darnos cuenta del momento de iniciar un nuevo ciclo, ya sea mejorando lo que hacíamos o definitivamente moviéndonos a otro lugar, en caso de darnos cuenta de que no podremos agregar más valor desde donde estamos. Es muy importante preguntarse frecuentemente en qué momento se encuentran en sus actividades profesionales y personales, ya que, si no somos capaces de innovar, no estamos aportando valor y nos reemplazarán o definitivamente no tendremos relevancia.

"Cuando las oportunidades se presentan, es muy tarde para prepararse."
Anónimo

OCHO

LIDERAZGO Y NEGOCIOS

Algo alcancé a comentar unas páginas atrás sobre lo duro y tosco que era mi liderazgo en mis comienzos, esto, sin duda, por el hecho de haberme ido construyendo en el camino, ya que en mi base académica poco se hablaba de esto. Mas bien, en mis tiempos habían Jefes y Gerentes, donde las pirámides estaban marcadas por jerarquía y poder, no por visión, influencia e involucramiento. Desde ese lugar, un tipo con visión y movido por objetivos, era un goleador, ya que con la capacidad de mirar hacia adelante y hacer lo que fuese necesario dentro de lo ético y legal para conseguirlo, era lo que fui, un permanente cumplidor de metas, incansable conseguidor de logros y ganador de premios, un buen tipo, pero sin humildad, empatía y, lo que más me pesa, es el no haber tenido la experiencia de hoy en ese momento, para haber podido generar mejores lideres en todos los equipos que me tocó guiar.

Esta fue otra área de mi crecimiento que me costó entender, ya que cuando uno mira esto desde el logro y el éxito, le es difícil darse cuenta de que está mirando el corto plazo en lugar de proyectando, visión, influencia, involucramiento, y ya ni digamos de enseñar cómo hacer las cosas. Participar en John Maxwell, me permitió no sólo aprender, sino que producir el cambio en mis formas y en mi visión del liderazgo. Puedo ver y darme cuenta, hoy, en muchos lideres con quienes me ha tocado compartir, que aun ven los procesos bajo la mirada que yo tenía hace ya varios años atrás desde ese liderazgo de títulos y de poca enseñanza del cómo.

También iremos conversando de liderazgo y cómo lo aprendido me ayudó en mi carrera profesional. Vamos a ir entrando en materia y les iré contando como el Propósito, Proceso de Transformación y Liderazgo ayudaron a un vendedor. Sí, así es, más allá de los títulos nobiliarios que pude haber tenido en las distintas compañías para las que trabajé, siempre estuve de cara al cliente y liderando equipos comerciales, por lo que me desarrollé como vendedor toda mi vida profesional. Y fue cuando involucré estos conceptos cuando mejor me comenzó a ir, crecí y obtuve posicionamientos impensados, desde allí es que nacen mis ganas de poder transmitir, de una forma simple, aquellas cosas que me ayudaron en el exitoso camino que recorrí.

Mi mundo profesional es el mercado de la tecnología y me transformé en un facilitador de negocios, llevando tecnología de alta gama hacia el impacto en el negocio de mis clientes. Participé de proyectos muy interesantes y estratégicos, recuerdo los años en que los retailers chilenos se posicionaban en el extranjero, las grandes fusiones de corporaciones y el momento en que el mundo, en términos económicos, se globalizaba y, en términos tecnológicos, se virtualizaba. Este *momentum*, por esos años lo llamé "Convergencia", y era básicamente el acercamiento de la tecnología a cambiar nuestros estilos de vida, acercando las comunicaciones, servicios y procesos en forma amigable hacia donde cada uno de nosotros nos encontrábamos. En esos tiempos nacieron los café wifi, las apps en Smartphones y un insipiente streaming de video y música, fue el primer aviso de que los impactos del avance de la tecnología no serían para unos pocos, sino que influenciarían a todos y en los más diversos ámbitos.

Hasta hoy, escribiendo este libro, aún me encuentro haciendo negocios y mostrando cómo la tecnología, puede impactar el desarrollo de las nuevas formas digitales en que las compañías tendrán que invertir para reposicionarse o volver a situarse en los mercados.

Como hombre de ventas, les debo contar que me fue muy bien en este largo camino, dónde, más allá de cumplir y pasar mis cuotas de venta consistentemente, ganado de paso los premios en remuneraciones variables como parte de la vida de un vendedor, pude ganar reconocimientos de marca mayor. Varias veces el "One Hundred Club" con un cumplimiento del 100% o más, 3 veces el "President Club", premio dado a los 100 mejores vendedores de la compañía a nivel mundial, el último en 2019; también premio al mejor de América, (Latinoamérica más USA). ¿Por qué cuento esto? Lo creo necesario mostrar la tangibilización del logro, ya que es allí donde me gustaría motivar a que se muevan todos los emprendedores, líderes y vendedores que lean este libro, y que inicien su propio proceso de transformación.

El proceso de transformación debe ser cuantificable, debe poder medir los avances y finalmente tangibilizar el logro, es lo que hace que podamos avanzar con ganas y energía durante las distintas etapas del proceso.

Ya les comenté del **Propósito**, del **Proceso** y algo de **Liderazgo**, ahora quiero mostrarles una columna de opinión que escribí hace algún tiempo para introducir un par de conceptos más.

Por mayo 2012, exactamente, donde comencé a entender algunas cosas que me sucedieron, y dio inicio mi proceso de transformación, rescaté tres estaciones que me tocó vivir y que, probablemente para los tiempos que estamos viviendo, pueden ser tres importantes preguntas para hacernos.

Hace ya cuatro o cinco años cuando comencé mi proceso de coaching transformacional en John Maxwell Team y, en una de las tantas sesiones de mentaría, el mentor de Liderazgo y Negocios me preguntó.

> **— Pancho, ¿cuál es tu plan de crecimiento? —***la verdad es que, luego de unos minutos, intenté dar una respuesta, que no fue mucho más allá de "estoy entrenándome para ser Coach" o "quiero aprender para enseñar a otros."*

Luego de una conversación muy interesante, me di cuenta de que no tenía un plan y mucho menos claridad de hacia dónde quería crecer. Creo, esto nos pasa a todos, tanto en nuestra vida personal como profesional; en esta última generalmente planteamos objetivos que están relacionados con logros o, en algunos casos, sueños de donde nos gustaría estar, sin embargo, no somos muy realistas en hacer el balance de dónde estamos y qué nos falta para llegar donde nos gustaría, muchas veces tampoco lo acompañamos de un propósito, por lo que la dieta que nos interesa hacer, o no comienza nunca, o su proceso es muy breve sin conseguir el objetivo ya que, al no haber un propósito, es muy difícil recorrer el camino de logro, que siempre implica salir del lugar de confort, dejar de hacer cosas que hacemos y, sin duda, sumar esfuerzo que acompaña al proceso.

Me gusta el golf y cuando converso de estos temas siempre recuerdo a Tiger Wood, que dijo en una entrevista, "mientras más entreno, más suerte tengo".

Es común que miremos y nos guste estar en el logro, pero muy pocas veces miramos el proceso, producto de no planificar nuestro propio plan de crecimiento, el cual es costoso de esfuerzo y sin duda de inversión, ya que se debe invertir en aprender los pasos faltantes que completan el proceso. En algún otro momento les contaré más sobre mi proceso, sin embargo, les dejo la pregunta: ¿cuál es tu plan de crecimiento? En estos días tan distintos que nos está tocando vivir, no está mal dedicar unos momentos a pensar en ello.

En otra ocasión, por allá por los 2000, cuando nos decían que el mundo tecnológico iba a colapsar por el cambio de milenio, como analista de sistemas me correspondió liderar muchos equipos de programadores y recordar muchas rutinas de programación que se enviaban al infinito sin considerar el 2000, por lo que, si bien es cierto que no creí que el mundo colapsaría, sí estaba cierto que algunos programas de desarrollo propio podrían no funcionar, más allá de permitirme vender en esos entonces, muchas asesorías y productos tecnológicos que se inventaron específicamente para el compliance 2000. Aparte de esta situación coyuntural, por esos años participé en un taller de Marketing con los profesores, hermanos Canepa, de la Universidad Adolfo Ibáñez, uno de ellos muy entretenido y marketero, partió una sesión preguntándonos:

    — **¿En qué negocio estamos?**

Y, por cierto, muchos de la sala se lanzaron a explicar, qué hacían en sus empresas. En esos años las tendencias eran de gurúes del tema, partiendo por Kotler, donde se reforzaba el presentar los beneficios, el logro o el lugar donde alguien podía llegar si adquiría nuestro producto, servicios o participaba con nosotros, por lo que rápidamente, se nos asignó la tarea de indicar en qué negocio estábamos, pero desde esta nueva perspectiva. Ya pasaron varios años desde esta situación y para mi trabajo y pasión, los negocios en tecnología, cada tres meses me pregunto ¿En qué negocio estoy? No lo hago para cambiarme de trabajo o porque tenga disconformidad, sino porque los tiempos de incertidumbre y cambiantes, obligan a que revise el real valor que aporto a mis clientes y potenciales clientes hoy, y si me servirá para lo que sigue. Como nunca, nos ha tocado vivir un periodo tan desconocido y cambiante, por lo que la búsqueda de agregar valor o hacer de una manera distinta lo que estábamos acostumbrados, es hoy una constante, por lo que...

*¿**En qué negocio estas?** Es una pregunta muy vigente.*

*Finalmente, ya por el 2011, me tocó conocer a Simon Sinek, reconocido por su Golden Circle y su libro best seller, en ese entonces, **Start with WHY**. Tuve la oportunidad de conocerlo en persona en un evento que realizó mi empresa, en aquél entonces, para el equipo de directores y gerentes, donde este Gurú, comentaba su teoría que lo hizo conocido con el circulo de oro: QUÉ, CÓMO y POR QUÉ. Al escucharlo me recordó los años pasados y "¿en qué negocio estamos?", pero acá el sumó dos conceptos que no tenía asimilados, **el propósito**, que es concreto, a* diferencia del sueño y que es más que un objetivo, apoyado en el legado y la trascendencia, es el por qué hacemos lo que hacemos. Y el segundo concepto es **la Creencia.** Contaba Sinek que era fundamental transmitir la creencia en el liderazgo, ya que el contar por qué hago lo que hago, no es sólo convencimiento, sino que es la certeza de poder transmitir qué los invitó a llegar allá, por qué creo absolutamente en lo que sucederá. Cuando hablamos desde el por qué, se transmite esta creencia soportada en el propósito, contaba, como ejemplo, la motivación de los hermanos Wright por volar, donde compitieron con otro personaje que, motivado por su ego y utilizando muchos recursos financieros, no logró el objetivo. Si no han visto algún video o charla de Simon Sinek, lo recomiendo sin duda.

Entonces, volviendo a nuestro día a día, **¿por qué haces lo que haces?**

Los lideres de ventas y negocios, así como los equipos de cara al cliente, somos los primeros que deberíamos de estar permanentemente cuestionándonos y respondiéndonos este tipo de preguntas, ya que hoy, el *acto de vender no es el mismo, el valor no es el mismo y los clientes tampoco son los mismos.*

Estos últimos años, he estado trabajando mucho con las compañías de estudio dedicadas al análisis y visión de tendencias para entender mejor dónde posicionarnos y allí nacen tres palabras muy importantes a tener en consideración, de las que probablemente les esté comentando en una próxima edición:

1. **Empatía**
2. **Confianza**
3. **Innovación**.

NUEVE

INVESTIGANDO UNA NUEVA CAJA DE HERRAMIENTAS

El Plan de Crecimiento es otro gran pilar de nuestro proceso de Transformación, el dónde me encuentro, a dónde quiero llegar y cuánto me falta o qué debo sumar para lograrlo, es fundamental en un líder, como también saber **en qué negocio estamos**, no desde el que, sino que, desde la estrategia, el cómo impacto a al ecosistema con mi solución, cómo impacto el negocio de mis clientes o cómo, definitivamente, soy relevante para mis clientes. Finalmente, ya habíamos conocido a Simon Sinek, su círculo de oro enseñando cómo podemos influenciar a partir de las creencias y el propósito, e indicando por qué hacemos lo que hacemos, cierra un triángulo perfecto, que no debemos olvidar, pues indica puntos importantes y relevantes del viaje a la transformación que iniciaremos.

No obstante, si llegamos a considerar que, en una economía social de mercado, todo se mide y vende, el mundo está lleno de vendedores. El posicionamiento personal lo hacemos vendiendo, las compras las hacemos negociando, las postulaciones a un nuevo puesto nos obligan a vender nuestras aptitudes, en fin, siempre la venta será la actividad que lleve la satisfacción a quien lo desee o lo necesite. En el mundo digital hacia el que caminamos, muchas labores rutinarias en todos los ámbitos serán reemplazadas, los mercados cambiarán, los clientes cambiarán, los canales cambiarán, en fin, si hay algo seguro, es que muchas cosas se harán de una manera distinta; habrá cambios en el hacer lo que, por supuesto, traerá consigo que cada uno de nosotros seamos capaces de movernos unos peldaños más arriba. No hablo aquí de jerarquía, sino de herramientas que nos permitan innovar y ser participantes activos en estos nuevos escenarios.

El trabajo de vendedor no se acabará nunca, sólo evoluciona y requiere de mayores habilidades, por ello debemos caminar hacia ser lideres de nuestro negocio y, como lo indiqué en líneas atrás, liderazgo es tener visión, proyectar lo que sucederá en nuestro ecosistema al menos con 6 meses de anticipación, así como influenciar, que no es otra cosa sino tener los conocimientos, la mirada estratégica y el vocabulario adecuado para comunicar influenciando y, finalmente, facilitar, mostrar los cómo, involucrarse, acompañar a nuestros clientes en este paso de innovación y valor al cual los llevamos. Por ello, tener un plan de crecimiento, saber explicar en qué negocio estamos y presentarlo desde nuestra creencia del porqué, son herramientas diferenciadoras en este mundo de muchos que estamos de cara al cliente.

Aprovecho para compartirles otra columna de opinión que escribí este 2021 con respecto a esto y que ilustra mejor el liderazgo y el cómo, temas que abordaremos más adelante

Transformación, La nueva Caja de Herramientas.

Durante todo este periodo se ha llevado al centro de la noticia el trabajo remoto, teletrabajo o trabajo a distancia, poniendo énfasis y preocupación primero en la productividad, cosa que rápidamente fue desestimada, ya que sucedió lo totalmente opuesto y luego, en cómo, tecnológicamente hablando, se podría dar la posibilidad de que las personas pudieran realizar sus funciones de la misma forma que lo hacían, pero desde cualquier lugar: ubicuidad, el desafío actual.

De la misma forma, las tendencias nos ponen al corriente de la variación de los mercados, la evolución de las formas de hacer y los cambios que nos mostrará en los siguientes meses la digitalización en las diversas áreas de nuestras vidas, porque así es, esta nueva época está afectando y

afectará nuestro estilo de vida con cambios fundamentales en el cómo hacer y, sin duda, con grandes sorpresas en nuevas formas y experiencias.

Sin embargo, poco se ha conversado, respecto de los cambios necesarios en el Liderazgo, esta impersonalidad que nos está, poco a poco, desgastando. La lentitud con que estamos retomando la movilidad, conocida como síndrome de la cabaña, la etapa hibrida intermedia que nos está tocando vivir, donde hay cosas que queremos hacer, pero ya no funcionan como antes, la comunicación 2D a través de las pantallas, en fin, todo lo que podíamos suplir en nuestros liderazgos con actitudes propias de personalidad y de contacto se diluyeron. Con mi poco andar en esta situación hibrida, me he dado cuenta de que muchos siguen haciendo lo mismo, pensando que todo ya vuelve, otros están aún algo confundidos por la incertidumbre y muy pocos aun, se han dado cuenta que deben comenzar un proceso de Transformación para poder participar activamente, agregar valor y recuperar la eficiencia anterior, hacer un upgrade o definitivamente cambiar la caja de las antiguas herramientas.

Lo primero es entender el liderazgo, que básicamente corresponde a Visionar, Influenciar y ayudar a llegar. La visión, un líder no la pierde, la influencia se puede ver afectada por la falta de contacto, la poca instancia de conversación informal y la comunicación poco efectiva, pero la última, el ayudar a llegar, es probablemente la más afectada, ya que los mails con recordatorios, los zooms grupales y la falta de involucramiento en el "cómo" y el "hacer" afecta, sin lugar a duda, en la asertividad, la prospección y la cantidad, calidad y velocidad de funnel de nuestro equipo de ventas.

Uno de los primeros libros de John Maxwell fue las 21 leyes irrefutables del liderazgo, por allá por 2007 y la ley numero 1 es "La Ley del Tope". La capacidad de liderazgo determina el nivel de eficacia de una persona, decía la cita. Creo que llegó el momento de que todos los lideres evaluemos nuestra ley del tope, ya que esta nueva era te está indicando que debes acudir a la caja de herramientas de la Transformación para visionar correctamente lo que viene, poder influenciar a más y más de tu ecosistema y, *fundamentalmente, acompañar, enseñar y motivar a caminar por esta estación híbrida que anuncia modificaciones importantes en nuestro entorno. Ya acuñamos nuevas frases y palabras que van anunciando nuevas formas, Fintech, Unicornios y el Customer Centricity, por nombrar algunas, la **Experiencia** como sensación, la **Confianza**, lo que decimos que hacemos contra lo que realmente, y la **Relevancia**, diferencial necesaria cuando las ventajas competitivas no existen. Éstas obligan a que los líderes replanteen, visionen, cambien planes y, principalmente, enseñen los cómo y la practica en la acción.*

Hace unos años nos hablaban mucho del cambio y la capacidad de adaptarse a ellos, pues, a los lideres nos sumaba flexibilidad, velocidad y creatividad; fue muy similar a la consigna de agregar valor de esos mismos años, donde todos éramos consultores, asesores o socios y dejamos de ser vendedores para transformarnos en personajes con casi títulos de nobleza y, principalmente, en inglés. Funciono para unos pocos, ya que muchos almacenaron manuales, libros y talleres, pero nunca los pudieron asimilar y llevar a la acción. Pues bien, a los que nos tocó vivir esa etapa, como a los que están iniciándose en el negocio, hoy ya no sólo se debe cambiar, necesitamos un proceso de transformación que nos permita llevar a la acción las modificaciones que necesitaremos hacer cada uno en nuestras actividades, para volver a ser relevantes en nuestra industria, mercado o ecosistema.

Existen 4 pasos claves:

1. **Realismo:**

   Entender muy bien dónde estamos, dónde queremos llegar y qué nos falta, así como el plan de crecimiento. El Dr. Emilio Duro indicaba que el 80% de los seres humanos negamos la realidad.

2. **Experiencia:**

   Busca quién lo ha hecho, quién visiona, quién está un nivel más arriba de tu liderazgo, ley del tope y suma esa experiencia, participa, crece.

3. ***Adaptación:***

De nada sirven los manuales, libros, talleres y otras formas de aprender ya obsoletas, si no es posible llevarlas a la acción. Sueños sin acción, serán siempre sueños.

4. **Logro:**

Objetivos, planes, metodología, estrategia y, principalmente, practica en la realidad, involucrarse en el cómo y el hacer.

La gran diferencial de la Transformación es que realmente te mueve hacia la otra orilla, te cruza el puente y te sube a un nivel de liderazgo superior.

Cuanto más alto desee escalar, tanto más necesitará el liderazgo; cuanto mayor sea el impacto que desee causar, tanta o mayor influencia necesitará.

John Maxwell

DIEZ

¿QUÉ TIPO DE VENDEDOR SOMOS?

Mi Padre fue un vendedor, y lo digo con el pecho hinchado de orgullo. Ciertamente que, en mi infancia, nunca entendí bien el concepto de ser vendedor, no sabía si él trabajaba en una oficina o no. Pero recuerdo que anduvo vendiendo pinturas, artículos de ferretería y otras tantas cosas en su vida, por lo tanto, mi papá era un vendedor y ese concepto era el que yo entendía como tal.

Por esos mismos tiempos, también había un nivel algo distinto llamado Vendedor Viajero. Y la diferencia era que, este vendedor viajero era un señor de maletín que viajaba por el país con un catálogo de cosas y vendía productos en las distintas regiones o provincias.

Finalmente, también en mi infancia, recuerdo como vendedor, en el centro de Santiago de Chile, a aquellos a quienes los adultos llamaban charlatanes, que eran los tipos que, en una mesa en la calle, ofrecían un producto único, generalmente creado por ellos mismos, algo así como los infomerciales de hoy de "¡llame ya!", pero en vivo, donde, con un discurso muy rápido y una demostración in situ muy convincente, capturaban a la gente al paso.

Con estos conceptos de tipos de Vendedor, si tú me preguntabas en la infancia ¿qué quiero ser cuando sea grande?, probablemente ser vendedor no estaba en la lista.

Por esos años, el ser vendedor era así como todo aquel que no llegó a profesional, pero contaba con personalidad y algo de labia. Era algo necesario, pero no trascendente en las organizaciones de esos años. Un oficio.

Pasaron muchos años para que el oficio de vendedor tomara un rol más preponderante en las organizaciones y, fundamentalmente, se profesionalizara.

Por mucho tiempo, para esconder el rol real, cambiamos de nombre: account manager, sales specialist; en fin, nombres snob que escondían lo que realmente somos, vendedores.

Mucha gente que no conoce de ventas aun piensa así, que son atributos de personalidad, carisma y buena labia. Lejos ya estamos de ello, la verdad es que un buen vendedor hoy escucha mucho más de lo que habla, pero ya tocaremos este tema más adelante.

En un mundo globalizado y con economía de libre mercado como la que tenemos, el vender es una función fundamental en cualquier área que nos encontremos. La venta está en todo lo que hacemos hoy. No hay nada que no esté relacionado con un proceso que se dirija a posicionar o vender, el abogado vende, el medico vende, el farmacéutico vende, cuando me voy a presentar a un nuevo trabajo hago mi currículo y tengo que ser capaz de venderme.

Todos, querámoslo o no, tenemos que estar permanentemente en algún proceso de negociación. La verdad es que siempre estamos vendiendo algo, incluso a nosotros mismos nos vendemos en cada momento. Y cuando digo vendernos, significa mostrar mis beneficios y habilidades para satisfacer a otro.

Cuando hablamos de vender, hablamos de innovar, de agregar valor, resolver problemáticas, apoyar en un proceso, mostrar caminos, entregar satisfacción, alegría o tranquilidad a otra persona o a una compañía. Para que ello se cumpla, es fundamental estar convencido de que lo que tú estás ofreciendo es de beneficio para el otro. Si eso funciona para ti tienes muchas posibilidades, ya que, como vimos antes, cuando te planteas desde tus creencias, las cosas fluyen mejor.

Cuando vamos tomando confianza, muchas veces nos dejamos estar con la planificación y olvidamos que la venta es un proceso, por lo que se deben cumplir las etapas para conseguir el objetivo, si nos saltamos alguna de ellas, llegamos a la improvisación que a veces salva, pero no permite profundidad ni asertividad que es, hoy por hoy, la variable clave de un buen Vendedor. Esta es, sin duda, la parte más difícil de lograr es mucho más fácil vender que ser predecible. Ventas es igual que el tiempo, uno puede pronosticar lo que cree que va a pasar, pero nadie te garantiza el resultado, por lo que, aun manejando muy bien el proceso, pueden suceder imponderables y, en estos casos, el único resguardo para mantener la predictibilidad es siempre manejar un Plan B. Entonces debemos manejar dos condiciones básicas para funcionar: visión de mínimo de seis meses y siempre tener un plan B para todo lo que se hace, de esta forma, podremos mejorar nuestra predicción de cumplimiento.

La venta dejó de ser un oficio y pasó a ser trascendental en las organizaciones y, probablemente, un lugar deseado por muchos, ya que es, sin duda, lo más parecido a las estrellas de futbol. Los pocos que logran sobresalir, modifican su estilo de vida y pasan a ser lugar de deseo justamente por ello. Como todo logro, es posible no de casualidad, sino de la correcta ejecución del camino. Bien decía Tiger Woods en sus mejores años, "mientras más entreno, más suerte tengo".

Entonces debemos preguntarnos ¿qué tipo de vendedor soy?

VENDEDORES 1.0:

El primer grupo sigue conformado por aquellos que confían aun en su carisma y capacidades de entretener, no planifican y funcionan desde lo entretenido. Por lo general, mantienen una buena red de contactos y venden apoyados en el amiguismo, es difícil conseguir asertividad en esos forecast y siempre aparecen con alguna nueva en los cierres, mala o buena; son impredecibles.

VENDEDORES 2.0:

Luego tenemos un segundo grupo que creció con los libros de Kotler, Tofler y Rais; gurúes de los que aprendimos de sus cátedras y libros, donde nos hablaban de Marketing, Administración y Posicionamiento, desde allí elaboramos un vendedor más profesional y aprendimos, en esos tiempos, las 4P, el manejo de objeciones y cómo romper el hielo, era un camino a ser un profesional de la venta y nos apoyamos en técnicas que hoy, probablemente, no están tan vigentes como en esos tiempos, sin embargo nos permitieron tomar un posicionamiento más profesional del proceso de ventas y del vendedor mismo, tiempos en que se lanzó el libro best seller "El Vendedor más grande del Mundo".

VENDEDORES 3.0:

Luego de aquella etapa, fundamentalmente de aprendizaje y de estudios para convertirse en un hombre de ventas, vino el momento del valor agregado. No había forma de generar un proyecto si este no era capaz de agregar valor, las compañías comenzaron a generar servicios propios que acompañaban a los productos e intentaban salir de la venta de commodities. De esta forma, los vendedores nos transformamos en consultores y teníamos que ser capaces de captar las necesidades de nuestros clientes.

Si consideramos que somos muchos los vendedores en nuestros mercados, ¿cómo nos diferenciamos?

¿cómo logramos entrar en el Top3 de nuestros clientes y potenciales clientes? Ellos reciben a diario vendedores y, en la suma, hasta 50 al mes probablemente, de los diversos tipos y niveles de crecimiento.

Entonces, ¿qué debemos hacer para diferenciarnos?

Vamos primero a entender qué se espera de un vendedor hoy.

ONCE

DISCIPLINA, ASERTIVIDAD Y METODO

Mas allá de predecir con mayor certeza el objetivo que conseguirá al cierre del periodo, sea este mes, trimestre o año, se espera de él que maneje una metodología de ventas, enfocada en producir un cambio en los procesos de venta tradicionales y llevarlo a un paso superior que permita detectar oportunidades, administrarlas y avanzarlas, utilizar herramientas para dar velocidad, mejorar la calidad de ellas y concretarlas, todo enmarcado en un equilibrio entre el proceso de venta y el ciclo de compra de los clientes.

El detectar nuevas oportunidades en los clientes, salir de lo tradicional y entregar soluciones más críticas y de impacto al negocio de los clientes, salir de los productos tradicionales y llevarlos a servicio, traspasar Capex a Opex, generar relaciones de largo plazo, ganar en empatía y posicionamiento de los clientes, es lo mínimo esperado de un vendedor hoy.

Cobertura, Tomar Control:

- *Ser responsable de un grupo de clientes de Base instalada y Cobertura, farmer/hunter.*
- *Debe conocer los principales desafíos de sus cuentas, así como los principales proyectos y estrategias.*
- *Manejar un plan de cuentas dinámico en sus Top 10.*
- *Lograr su cuota de venta en cuentas de su cartera.*
- *Conocer a ejecutivos de todos los niveles de sus cuentas Top 10.*
- *Desarrollo de un Plan de Marketing semestral para sus Top 10.*
- *Liderar y coordinar las actividades del ecosistema para trabajar el día a día en sus cuentas.*
- *Conocimiento detallado de los presupuestos de sus clientes.*
- *Ser líder de opinión dentro de sus cuentas, y líder en su equipo.*

Visibilidad, Mostrar lo que Avanzó:

- *Registrar en Sales Force, no sólo las oportunidades; ingresar información de interacción en ellas.*

- *Administración de oportunidades para el corto y largo plazo.*

- *Actividades concretas para avanzar de etapas las oportunidades.*

- *Detallar en los planes de cuenta, los ciclos de compra de sus Top 10.*

Conocimiento y Crecimiento:

- *Conocer y desarrollar bien el mensaje estratégico de la compañía.*

- *Ser líder en la metodología de ventas y aplicarla.*

- *Tener un nivel de conocimiento del negocio y de operación independiente, "Líder".*

- *Conocimiento de tendencias del mercado y capacidad de desarrollar el speech de la Compañía para cada caso.*

- *Evaluación mensual Inteligencia de Negocios y Territorio. profundidad, cobertura, rentabilidad, proyección, crecimiento, up selling, cross selling.*

Entendiendo que no es menor lo que se espera de cada uno de nosotros los vendedores, la versión 3.0, evidentemente no es suficiente y debemos avanzar en un proceso de transformación hacia la versión 4.0, donde, probablemente, debamos actualizar nuestras herramientas actuales o definitivamente aprender a adoptar nuevas, más orientadas a lo que se exige de nosotros para este periodo. Una visión anticipada de las situaciones y su comportamiento, su capacidad de influenciar nuestro ecosistema y, finalmente, enseñar y acompañar en el proceso, serán las bases de la transformación de una nueva estrategia para adaptarnos e innovar en esta era digital. Además, se requiere liderazgo de cada uno de nosotros y que aprendamos a incorporar los conceptos de Disrupción, Granularidad, Relevancia y Confianza.

Disrupción: para romper el statu quo en que nos encontramos, nos llenamos de commodities y no estamos logrando diferenciación. Además de los cambios en nuestros hábitos, luego de los cambios obligados que nos dejó la larga cuarentena.

Granularidad: nada de lo que generábamos para mercados masivos sirve hoy, todo aquello que inventamos o desarrollamos para un potencial consumidor, hoy ya no tiene el efecto deseado; el consumo se personalizó, por lo que nuestra oferta se debe adecuar a ello. El foco debe estar en resolver necesidades concretas y por sobre todo, existentes y en específico, desde la comunicación de lo que hacemos hasta la solución o producto que lo resolverá.

Relevancia: las ventajas competitivas que fueron nuestro diferencial ayer, hoy pasan rápidamente, o simplemente no existen. La publicidad ya no impacta como antes, los medios han perdido impacto y la inmediatez con que funciona nuestra vida digital no permite que estas diferencias ganadoras se generen, por lo que debemos ser disruptivos y relevantes para captar la atención de nuestro mercado.

Confianza: en un mercado digital, omnicanal e hiperinformado e hipercontactado, y donde nuestro funcionamiento hibrido ha sacado de la línea del proceso el contacto físico y los sentidos que esto lleva, el cumplir lo que decimos pasa a ser la clave de la para conseguir las tres C del Marketing Digital: Contact, Convert, Continue Engagement.

Todo esto es el VENDEDOR 4.0, el que, además debe sumar conocimientos de otras áreas más lejanas al proceso de venta, más relacionadas con la generación de empatía en las relaciones comerciales, que además ayuden a predecir comportamientos, como el Eneagrama, Disc y Neuroventa.

¿CÓMO ES LA TRANSFORMACION?

El tema nace, no necesariamente de la pandemia, sino del impacto que ha tenido la tecnología desde ya hace un tiempo y hasta ahora, y cómo ha transformado el estilo de vida de las personas. Querámoslo o no, las cosas se hacen de una manera distinta y hemos tenido muestras fehacientes de cómo han ido cambiando. Estamos llenos de innovaciones tecnológicas que están provocando que hagamos las cosas de otra manera. El COVID lo único que hizo fue acelerar esos procesos de transformación tecnológica, haciendo que las compañías estén obligadas a operar de modo distinto o, de lo contrario, verán afectadas sus rentas.

Los consumidores cambiaron y nosotros somos parte de eso. Por ejemplo, a diferencia de lo que hacíamos antes: en un retail privilegiábamos una sala de ventas donde estuvieran los productos, pudiéramos verlos, revisarlos y pasearnos y se atendidos por un vendedor, mucho de la satisfacción de compra del cliente pasaba por la atención que recibía en la sala de ventas. Hoy la satisfacción como cliente está en cuán eficiente es la logística de entregarme las cosas que yo compro en este retail y cuánta visibilidad se tiene del proceso, además de las facilidades de anulación o cambio digital. Ese concepto va a ser el privilegio de excelencia de cliente y eso no formaba parte de nuestro universo. La verdad, la logística era la puerta de atrás del proceso.

Si toda la energía de los retailers estaba puesta en grandes salas de ventas para atenderte, y éstas ya salieron de allí, ¿cómo los vendedores buscaremos espacio en esta nueva modalidad? Las nuevas formas de llegar a nuestros clientes, la comunicación, el contacto, la satisfacción, todo ha cambiado, entonces, ¿dónde me posiciono? La verdad es que nos necesitan en otra versión y con una nueva caja de herramientas, por lo que debemos dar pie a nuestro proceso de transformación.

Como vendedor con experiencia, sé hacer las cosas de una cierta forma que me han funcionado por mucho tiempo, pero el escenario en que estoy hoy día es absolutamente distinto. No tengo el sentir de mi cliente ni el contacto físico, no tengo el entorno de la compañía donde podía interactuar con mucha más gente y tener acceso a mayor cantidad de información que la que puedo conseguir desde mi casa. Actualmente, el relacionamiento es bastante plano y no puedes apreciar por la pantalla si lo que te están diciendo, realmente concuerda con lo que tu interlocutor piensa.

Generalmente, todos hablamos de cambio, de esta nueva normalidad, todos somos buenos para dar grandes encabezados, acompañados de frases como: "tenemos que prepararnos". Es como que a otros les va a pasar y a mí no. ¡Y nos va a pasar a todos! En mayor o menor escala, a todos nos va a ocurrir. Si no tenemos la capacidad de hacer un proceso de transformación, seremos pasados por encima en esta era digital. Y los procesos de transformación, más allá de las empresas y de los equipos, pasan por las personas, porque son ellas las que tienen que generar su propio camino. Por lo general, cuando se producen cambios y no los he visto venir, la emoción que aflora es el enojo, la molestia y el reclamo: «¡¿por qué a mí?!», y la energía la gasto en reclamar, cuando la verdad es que no voy a lograr mayores beneficios o resolver nada con ella. Si esperamos que esto venga y no lo salimos a encontrar, efectivamente pasaremos a etapas de sufrimiento en lugar de aprovechar las nuevas oportunidades que acompañarán a esta nueva forma de hacer.

Salir al encuentro significa comenzar a definir qué es lo que me gustaría hacer, qué es lo que quiero hacer y qué herramientas necesito para poderlo hacer. Es cruzar a la otra orilla del río. Si nos quedamos donde estamos, nuestras herramientas habituales comenzarán a perder su efectividad.

La robótica, la inteligencia artificial avanzarán muy rápidamente cuando se desplieguen las redes 5G, las ciudades inteligentes y la inimaginable serie de dispositivos que se sumarán a nuestras actividades habituales, aunado a la globalización, a la actividad mixta que podremos desarrollar desde cualquier lugar, a los servicios digitales que se integraran en todos los mercados, sin duda nos llevarán a desarrollar habilidades adicionales para poder innovar y sumar en esta nueva era.

Esto afecta desde lo más alto de las empresas y corporaciones, hasta cada uno de nosotros en nuestro quehacer diario como individuo. Un ejemplo de ello es lo que nos dejó el proceso de transformación digital anterior, donde hoy existen nuevas funciones y empleos y están insertos en los mercados, funciones que no conocíamos ni imaginábamos, como lo es transporte de pasajeros, el transporte de alimentos, medicamentos y cosas a domicilio, o el comprar por otro, o lo que llamamos el servicio de la última milla, todos nuevos espacios creados desde los impactos de la tecnología en nuestra vida cotidiana.

DOCE

LIDERAZGO Y TRANSFORMACIÓN

Es tiempo de hablar de la Transformación en el Liderazgo. Para empezar, debemos de entender que el Liderazgo es la ***influencia no física ni presencial en nuestro entorno,*** y que ésta baja desde lo más alto para comenzar a generar los espacios de transformación.

John Maxwell lo grafica con una cascada. Y, para que la transformación comience, necesitamos que se transforme en acción y esta suba. En este caso, su gráfica es una escalera y, luego, sólo logro transformar cuando a quienes estoy influenciando, me muestran que están adaptando nuevas formas y utilizando nuevas herramientas en su quehacer, de lo contrario, sólo estaremos predicando cosas bonitas, pero que no están siendo catalizadas por nuestra audiencia. Es fundamental que este proceso suceda, bajo la influencia y con acción en las bases. Cuando esa acción sube, revisamos juntos si los pasos nos están llevando hacia la otra orilla.

Muchas veces hemos utilizado las herramientas tradicionales de traspaso de conocimiento: charlas, talleres y cursos; esperando producir el cambio, lo cual no es malo, pero el propósito o la expectativa que esperamos va más allá y, bajo estos modelos, ya vemos que el cambio no se produce porque abandonamos rápidamente y, muchas veces, ni siquiera ponemos en práctica lo que escuchamos. Es imposible producir la transformación sin adaptación, acción y práctica. Muchas veces nos sentimos impactados por escuchar a un tercero, quien nos toca emocionalmente con lo que nos cuenta, y en ese momento empatizo de tal manera que me veo representado. Dos días después, sin embargo, ya es la historia de él, no la mía. Y se me olvidó.

Los modelos tradicionales de traspaso de conocimiento son todos muy parecidos, y los hemos utilizado para transmitir conocimientos durante una cantidad importante de años. Nos proveen de una mayor cantidad de información, pero no generan un cambio. Entonces, si yo tomo a alguien y lo inscribo en una charla o en un taller y espero que de eso resulte una transformación, es difícil. Probablemente, si atiende y participa, tendrá una mayor cantidad de información, que es similar a tener libros y no leerlos o almacenar cuadernos de notas que nunca utilizará.

Basado en esta misma línea, muchos de nosotros tenemos permanentemente ideas, deseos y sueños que siempre quedaron en el tintero, puesto que nunca los llevamos al proceso de Transformación necesario, nunca llegamos a la adaptación y acción.

Estamos permanentemente pensando en cosas que nos gustaría que sucedieran, pero no suceden. Y no suceden porque es eso: nos gustaría. Como sueño. Es la posibilidad de que alguna vez pase algo y nunca generamos la acción para que eso suceda, ni tampoco nos preparamos para que eso ocurra. Mas allá de que con sólo conocimiento no podemos conseguir Transformación, ¿qué es lo que nos pasa?

Queremos saltarnos el proceso.

Queremos llegar a la otra orilla, pero no nadar hasta ella, así que nos boicoteamos rápidamente para generar los motivos y obstáculos suficientes para no comenzar. «Voy a pasar hambre», «no es tanto, puedo empezar mañana», «son muchos libros, igual puedo ver el tutorial». Si no somos capaces de dejar un hábito tradicional para con ello dar el paso siguiente por uno mejor, no hay ninguna opción de lograrlo. En mis propios procesos, por ejemplo, meditar fue una de las nuevas actividades que incorporé a mi vida y obviamente dejé de hacer otras actividades, como ver TV, por ejemplo, u otra que no aporta a mi plan de crecimiento. Por lo tanto, dejo de hacer eso y doy el paso siguiente que se supone que va en el camino de lo que quiero lograr, pero, por lo general, nos quedamos en la famosa zona de confort.

Si discuto con mi pareja permanentemente y no resuelvo, estoy en mi zona de confort; si trabajo en una empresa y no me gusta lo que hago, pero no hago nada por cambiarme, estoy en mi zona de confort. Así, estás lleno de zonas de confort. Entonces, no damos el paso para poder siquiera pensar a dónde nos queremos mover. Ni siquiera pedimos un objetivo, sólo que pasen cosas, pero, lamentablemente, queremos que pasen gratis, sin esfuerzo, y eso sí que es imposible. No hay nadie que tenga la capsula o la receta mágica para llegar a la transformación, la mala noticia es que, lamentablemente, para que eso suceda, tiene que haber acción y la acción es moverte, salir de donde estás y, si piensas en grande, mayor energía necesitarás.

Ese es el concepto, pero ¿dónde está la primera traba? En la honestidad de las personas. ¿Qué soy? ¿Cuáles son mis capacidades? ¿Dónde realmente me gustaría estar? Cuando le preguntas a la gente: si tuvieras una varita mágica y pudieras cambiar lo que quisieras, ¿qué cambiarías de tu vida para ser feliz? Si la respuesta son una, dos, tres, cuatro, cinco, o las que sean, estás en un problema serio. La respuesta tiene que ser: nada. ¿Por qué necesitas una varita mágica para ser feliz? Si uno es quien debe llevar su vida, su propio camino. Por lo tanto, si yo quiero que pase cierta cosa, ¡haz algo para que suceda! Pero si estás esperando que aparezca la varita mágica, estamos perdidos. Y así funcionamos. Por lo tanto, no nos damos cuenta muchas veces de que estamos entrampados en nosotros mismos y en nuestra zona de confort. La zona de confort es no darse siquiera un rato de trabajo para pensar dónde quieres estar, a dónde te gustaría moverte.

Después de esto, viene la realidad.

El ser realista. Para dejarlo más claro, utilizo este ejemplo: si yo con mis 61 años quiero ser médico, una carrera donde hay que estudiar 10 a 12 años para conseguirlo, estaré eligiendo un camino complicado, puede que lo logre, pero ¿será satisfactorio ese tremendo proceso al final de todo?

Es muy importante ser realista para poder avanzar hacia cosas que sean posibles de cumplir con un cronograma de actividades que vayan en esa línea. Objetivos que sean, no sólo reales, sino adecuados al mismo propósito u objetivo que estás definiendo. «Quiero ser multimillonario.» Probablemente todos, pero bien, define "multimillonario". «Entonces, quiero tener un millón de dólares». Si tienes 30 años, es bastante posible. Defíneme ahora ¿en qué plazo quieres tener un millón de dólares? «En 10 años», bien. Pregunta siguiente: ¿qué estás dispuesto a hacer para ganarte un millón de dólares en los próximos 10 años? Porque es posible, absolutamente posible, pero dime, ¿cómo vas a dar los pasos para que, de aquí a 10 años, te ganes un millón de dólares? Todo, de una u otra forma se puede, en la medida que estés dispuesto a elegir tu plan de crecimiento y a seguir el camino.

Como dice el slogan, "nada es imposible".

Les contaré que en el comité ejecutivo de John Maxwell Team, el CEO y dos vicepresidentes fueron personas con tremendos problemas de todo tipo. Desde problemas físicos (uno de ellos, pues Paul Martinelli era tartamudo) hasta familias destruidas: padres que no estuvieron, el hijo menor descarriado y perdido en la calle, etc. Hoy son multimillonarios, dueños de exitosas compañías y enseñan a la gente a cómo pasar al estado de ventura, cómo alcanzar tu mejor versión. Todos tenemos capacidades, lo que pasa es que las restringimos como producto de cómo hemos armado el contexto. Y eso es mental, ni siquiera es una condición física. La mente te boicotea permanentemente porque es la que te armó el modelo. Por lo tanto, cualquier cosa que esté fuera del modelo, la mente lo transforma en miedo, oscuridad, en algo que te atemoriza.

¿Por qué no me independizo si quiero serlo? Porque el dinero, la estabilidad, etc., etc., etc.
No, mejor no lo hago.

Y resulta que vas a hablar, "a consultarlo" con alguien que nunca ha sido independiente, ¿qué crees que te va a dar como respuesta?

— No lo hagas. ¿Estás loco? No te conviene, es mucho riesgo.

— Entiendo, sí. Mejor déjame pensarlo.

Así funcionamos y bajo ese marco es muy difícil que podamos dar el paso. Por eso es importante, primero: saber qué es lo que queremos y para dónde queremos ir; segundo: ser realistas sobre cuáles son mis capacidades y qué cosas estoy dispuesto a hacer para lograr lo que quiero.

TRECE

MOVIÉNDONOS HACIA LUGARES
DISTINTOS

Un camino forzado de Transformación es el camino directo al sufrimiento y es muy complicado que llegue a servir, sobre todo en sus etapas iniciales, ya que sólo logra sacar a flote las emociones como la ira, el enojo y la frustración. En esa etapa primaria se sufre porque no entras en acción, sin embargo, en su etapa máxima, seguramente te moverá con intensidad y podrás salir de allí y, en conciencia obligada, comenzar un nuevo proceso. Esto se ve en la práctica con las adicciones, lo llaman "tocar fondo", que se transforma en el detonante de su transformación.

Cuando uno se queda sólo en el sufrir, no avanzamos. Un ejemplo es cuando perdemos el bus y comenzamos a lamentarnos. ¿El sufrimiento va a ayudar a que el bus se devuelva o a que el otro venga más rápido? Sería beneficioso si el sufrimiento me advirtiera para no dar un paso en falso, pero no es así, sólo te inmoviliza porque no te hace ni avanzar ni retroceder. Lo peor es que la vida está compuesta de sufrimiento, no hay nadie que lo pueda evadir.

Muchas veces, más de uno nos indicó, «es que tú no has sufrido, por eso no sabes lo que esto significa», y es que la sociedad nos ha inculcado que, incluso es normal estar en un estado de sufrimiento. Y si tú no has sufrido es porque, definitivamente, no tienes experiencia de vida. Es al revés, yo he sufrido porque me han pasado muchas cosas difíciles, pero ese padecimiento forma parte de un momento, de una situación, y no necesito quedarme en eso para crecer. Si me la llevo sufriendo, probablemente voy a entrar en depresión y no me otorgará ninguna herramienta de crecimiento.

En el Budismo, Siddhartha Gautama Buda, exageró, poniendo en peligro su vida para explorar el sufrimiento. Nació dentro de una familia aristócrata, no tuvo ningún tipo de carencia, todo se lo dieron como príncipe que era, vivía en un palacio y estaba tocado por la varita que venía con su linaje real. Y él, por el contrario de sentirse pleno, quería conocer el otro lado. Cuando nace su primer hijo, se escapa y sale al mundo, conoce la muerte, la enfermedad, la pobreza, y se va por ese camino diciendo "yo quiero sentirla y vivir esta parte de la vida que no he conocido". Pasa años en meditación, sin comer, y lanza sus primeros conceptos que tienen que ver con cómo controlar el sufrimiento. Él dice que la vida está hecha para sufrir, por lo tanto, nos enseña cómo manejarnos en ella y que el sufrimiento nos de la energía para movernos y no estancarnos.

Así como el sufrimiento actúa como palanca de cambio para entrar a un proceso de transformación, nuestra mente y estructura de cerebro humano, nos juega en contra para iniciar procesos de resultados no inmediatos. La neurociencia se dedica al estudio del cerebro y el comportamiento, sin embargo, cosas que sabemos sin ser científicos, es que diferentes partes del cerebro tienen funciones específicas y desde allí podemos entender cómo funcionamos o reaccionamos los seres humanos ante ciertas situaciones. Por ejemplo, la corteza prefrontal, se estimula rápidamente cuando esperamos como resultado que ocurra algo positivo, liberando una sustancia generadora de placer llamada *dopamina*.

En cambio, cuando debemos tomar decisiones conscientes, se estimula otra parte del cerebro, la corteza parietal, y los procesos generados desde allí, no conducen a una generación de placer, por el contrario, el efecto de la dopamina es inmediato.

Esto hace que la corteza prefrontal, sea predominante en nuestras acciones y la más influyente en estas dos áreas del cerebro.

Esta influencia puede ser para bien o para mal, sin embargo, lo más a menudo es que sea para mal, ya que esta parte del cerebro que entrega satisfactores inmediatas, hace que posterguemos aquellas acciones que van más en conciencia, pero que su efecto es de largo plazo. Por ejemplo, acciones como el cuidado del planeta, donde nuestra acción inmediata no tiene un efecto que podamos sentir, visualizar o disfrutar en el mismo momento de la acción, esto hace que nuestra acción diste de la consciencia, donde sí tenemos el recordatorio de que debemos actuar de buena forma hoy. También, esta parte de placer nos lleva a las adicciones, ya que los placeres inmediatos son el boicot de nuestra mente para los procesos de más largo aliento, por ello es tan difícil entrar en un proceso de dieta, ya que nuestra corteza prefrontal con su dopamina nos lleva a disfrutar el placer de la comida, postergando el consciente de que afectará nuestra salud en el mediano o largo plazo. La generación de dopamina está permanentemente pasando por encima de nuestra consciencia, dando golpes bajos y boicoteando todos nuestros procesos de propósito.

Es bien extraño nuestro actuar desde allí, ya que invertimos tiempo, dinero y esfuerzo en satisfacer la parte del cerebro que busca placer y nunca es suficiente, ya que siempre tenemos nuevos deseos que nos hacen movernos hacia allí. De igual forma, si miramos conscientemente nuestro actuar en esta satisfacción momentánea y rápida, nos damos cuenta de que, fundamentalmente, ha sido un gasto y no una inversión, ya que todos los satisfactores inmediatos, de la misma forma como nos mueven a conseguirlo, quedan rápidamente en el olvido para pasar a algo distinto. Nunca habrá suficiente dinero, café, droga o sexo, para mantenernos satisfechos.

Nuestra búsqueda incesante de placer a cualquier precio está dañando nuestra salud, nuestras relaciones y alejándonos de nuestro propósito, el que únicamente es posible comenzar a mirar si damos un paso atrás y salimos de la dopamina, para poder ver el mapa completo y no sólo el placer de la gratificación instantánea. Nos hemos convertido en adictos a la satisfacción rápida, pasando por los espacios sin dejar huella, ni aprender nada de cada paso.

Para poder iniciar un proceso de Transformación, necesitamos salir del parietal prefrontal y definir dónde queremos estar en nuestros, debemos cambiar nuestra forma de pensar y asumir la responsabilidad y cambiar la dirección. Es necesario conseguir ver un mayor beneficio en lo que obtendremos al final del proceso, para poder disfrutar de él. De lo contrario, el rigor del proceso nos hará abandonar o postergar el inicio del mismo, pasando nuevamente a la dopamina, que probablemente nos llevará a algún lugar de distracción o descanso a cambio del esfuerzo del proceso.

Para generar un proceso de transformación real, debemos asociarnos plenamente con los efectos de largo plazo que conseguiremos con las acciones que ejecutemos en el inmediato; tenemos que sentir que, aun cuando nuestras acciones inmediatas sean de esfuerzo y muchas veces dolor, son más importantes que el breve habitual que nos mueve al siguiente placer. También es posible que requiera que dejemos de hacer otras actividades del diario.

"Hay que llegar al punto en que el dolor por no cambiar se vuelva mayor que el dolor de cambiar"
Karen Berg.

Este mundo digital que, entre otras cosas, nos ha movido hacia la inmediatez, nos ha alejado del sentir, conversar y relacionarnos, además ha apoyado fuertemente el que nos saltemos procesos de pensar, aprender, soñar o focalizarnos en aquellas cosas que queremos hacer, pero que postergamos por un agobiante día a día, donde pasamos rápido por muchas actividades sin estar en ellas, ya que la mayoría de veces estamos en función multitarea, que nos tiene en un lugar, pero haciendo algo totalmente distinto, sin disfrutar el momento. Esto nos ha llevado a generar comunidades virtuales de las que participamos y que dependen de un clic que active el dispositivo tecnológico desde el que interactuamos. Planteo esto porque quise revisar el concepto de comunidad. Mirando hacia atrás, antes de las olas industriales, las personas debían trabajar unidas para sobrevivir, por tanto, las comunidades se construían alrededor de los suministros para cubrir necesidades básicas de las personas que vivían allí. Todo mundo dependía de los demás para conseguir agua, alimento o transporte, esto es lo que significaba formar parte de una comunidad.

En el mundo de hoy, el concepto es bastante distinto, ya que formamos parte de múltiples comunidades, pero lejos están de proveernos la base de supervivencia. Las múltiples plataformas tecnológicas, aplicaciones y redes sociales nos permiten, con mucha facilidad, participar y conectarnos, generando así la facilidad de ampliar el número de personas al cual nos conectamos y pasar por sobre las fronteras, aumentando aún más las posibilidades de incrementar el número de conexiones, sin embargo, y aunque suene contradictorio, mientras más ampliamos nuestras conexiones, más disminuimos nuestra real conexión, ya que, nuevamente, nos dejamos llevar por la dopamina, donde el placer es sentir el número de seguidores y no la real conexión con ellos.

Participamos de comunidades sin ninguna responsabilidad, he allí la gran diferencia. Pertenecer a una verdadera comunidad, no se trata de solamente estar en la lista o tener seguidores, se trata de sentirnos conectados y responsables con lo que ocurre allí. Cada función que se lleva a cabo en una comunidad de trabajo tiene sentido, porque sirve a los intereses combinados del grupo. La interacción lleva a la inteligencia colectiva.

"Solo llegarás más rápido, pero acompañado llegaras más lejos".

CATORCE

TRANSFORMACIÓN EN VENTAS

Ya pudimos ver la Transformación en el liderazgo, ahora ¿por qué nosotros como vendedores debemos pensar por un proceso de transformación?

Como vendedores no estamos ajenos a este proceso que la tecnología nos acercó y la pandemia aceleró. Vivimos pensando en cómo innovar, entregar satisfacción y ser más creativos mientras, por otro lado, aumentan nuestras exigencias de cumplimiento, plazos y satisfacción, además de siempre debemos pronosticar(forecast) asertivamente.

Les hablaré desde mi experiencia nuevamente. Comenzando el segundo trimestre 2020, y pensando, como todos, creí que el único cambio sería que, en lugar de ir y visitar a mis clientes lo haríamos en forma no presencial, utilizando los tradicionales webinars, muy populares en esas fechas. Sin embargo, les voy a traer el recuerdo de cómo terminaron los cumplimientos de venta en ese año: mi región no superó el 50% del objetivo año planteado, como muchas compañias. Empero, yo alcancé el 82%, muy bueno para la dificultad que nos mostró el 2020, ahí cuando muy pocos vendedores lograron conseguir sus objetivos. ¿Por qué logré salir de la regla? Aquí les contaré que, por abril de ese año, me di cuenta de que necesitaríamos hacer algo distinto, ya que el proceso se veía más largo de lo pensado, mis actividades tradicionales no estaban siendo efectivas y, además, el mercado estaba en busca de ayuda, no de vendedores que creyeran que podían seguir haciendo lo mismo. Así fue como diseñé mi propio plan COVID, donde adecué mis formas, comunicación, acciones y soluciones, a lo que el momento exigía. Ese proceso de transformación que me dio la efectividad de poder seguir siendo exitoso en lo que más me gusta, es la base del modelo que les contaré en este libro. Tuve que cambiar mi lenguaje, mi modelo de comunicación, adaptar mi oferta, generar nuevas herramientas y desarrollar habilidades tras una cámara, además de aprender a generar empatía y confianza desde detrás de una pantalla. La facilidad de contactar cambió, las reuniones cambiaron, las necesidades cambiaron, la satisfacción de los clientes cambió.

Mi calificación de oportunidades es menos asertiva, el seguimiento al proceso es mucho más difícil, la generación de nuevas oportunidades es complejo, la administración de mi territorio no posee toda la información necesaria, el relacionamiento con mi ecosistema está debilitado, mis relaciones de cercanía con mi base instalada que está lejana; en fin, todo a mi alrededor cambió, he ahí el porqué de la necesidad de un proceso de transformación para nosotros, los vendedores.

El proceso fue mucho más largo de lo que pensamos y el modelo mixto actual nos confirma que no volveremos atrás y, por el contrario, así como se abrirán tremendas oportunidades (ya lo demostraron los nacientes "unicornios.com") también nos planteara importantes desafíos, por lo que tendremos que aprender nuevamente a nadar, si queremos ser exitosos en este nuevo mundo digital.

Ya revisamos los distintos tipos de vendedores que podemos ser, donde la versión 4.0 requiere de un cambio de estrategia, de reforzar nuestra caja de herramientas, pero, fundamentalmente, de transformarnos, ya que requeriremos de nuevas habilidades y de trazar nuestro propio plan de crecimiento para retomar sendas exitosas del pasado. El acelerado avance de la tecnología en diversos ámbitos nos lleva a tener que reposicionarnos rápidamente, para no transformarnos en commodities.

Hoy, no quedan ventajas competitivas o duran muy poco, ya que rápidamente las buenas ideas son replicadas masivamente. Somos muchos vendedores y no tenemos ventajas competitivas, por lo que, entre otras habilidades, debemos ser capaces de desarrollar herramientas disruptivas, innovadoras y, por sobre todas las cosas, relevantes.

Los mercados, hoy, se transformaron en inclusivos y colaborativos, por otro lado, los mensajes del marketing tienen menos impacto que la opinión de las comunidades donde participan los que llamábamos "consumidores" y que ahora son "personas", ya que el consumo cambió de productos creados por empresas para consumidores, a personas que requieren cubrir necesidades o deseos y que la empresas están comenzando a cubrir.

Hace algún tiempo pregunté a un grupo de vendedores, "¿conocemos realmente a nuestro cliente actual?"

Fue una conversación muy interesante y escribí una columna de opinión sobre esto, misma que aprovecho para compartir a continuación.

*Me remonto a los 80s, cuando una base de datos con datos básicos de ubicación, e idealmente email y teléfono, valía oro, ya que desde allí podíamos construir una serie de actividades, con mensajes genéricos que nos permitía llegar a ellos. Se trataba de **consumidores potenciales**, que formaban parte de un grupo objetivo.*

Cuando necesitábamos mayor precisión, nos movíamos a otras actividades, focus groups o análisis de mercado más específicos, con datos socioeconómicos, franja etaria, en fin, lo que fuera con tal de generar una mayor precisión para nuestro producto o servicio. Recuerdo haber asesorado comercialmente, por esos años, a una compañía de TV por Cable en Chile que se llamaba "Mundo Cable" y quedé muy sorprendido por el nivel de precisión de datos que tenían para las comunas del gran Santiago.

*Esto, porque debían llegar físicamente a sus potenciales clientes, y se debían cablear a un alto costo las comunas donde se habilitaba el servicio, por ello era fundamental conocer exactamente las zonas donde, por edad y poder adquisitivo, serían las más productivas. **"Consumidores"**.*

Recuerdo también la forma de llegar, avisaje y publicidad en medios referenciales escritos, revistas de opinión o sociedad, TV, Radio, además de promotoras y promociones en puntos de venta, dependiendo del tipo de producto. Éramos tremendamente creativos.

En tecnología, participábamos en ferias especializadas, generábamos campañas y trabajábamos con agencias. En cada área de venta de cualquier compañía, había un área de análisis de datos, de estas bases, para con ello poder mantener un contacto, llamadas, o algún tipo de acercamiento definido desde nuestra ingeniería de negocios para generar continuidad, fidelidad o contar novedades.

Muy poco se preguntaba, la mayoría de las acciones se generaban desde los productos o soluciones que las empresas definían para un amplio o segmentado mercado que las consumía.

Llegaron las nuevas décadas y el concepto fue el de agregar valor, todos nos movimos a la lógica de los beneficios, pero fundamentalmente estuvo marcada por moverse a entregar modelos de servicio, más que producto, fue el auge de los leasing y los modelos financieros para adquirir bienes, con ello la ampliación de ofertas y desde la especialización o, más que la especialización, la identificación de un proveedor. En esos años, en tecnología muchas marcas importantes lideraban el mercado de los PCs, HP, Acer, Compaq, IBM, Amstrad, además de varios otros, y se vieron amenazados por el concepto de no marca baratos, pero que cumplían la misma función. Nacieron los "clones", equipos sin marca, armados en el país, que amenazaron primero y se tomaron después el mercado de los computadores personales.

Este, probablemente, fue el primer hito masivo de aviso de que los **consumidores** *estaban pasando a una etapa distinta y que muchos la dejamos pasar. Así, por allá por los 2000, muchas empresas del rubro tecnológico quebraron, dando comienzo al mundo de commodities en tecnología, por lo que, si no podías sumar valor reconocido a tu oferta, tu única componente era el precio.*

*En este escenario y con los avisos de que el mundo colapsaría en 2012, tomaban un sitio preponderante las redes sociales, pero fundamentalmente los start-up tecnológicos que te permitían hacer las cosas de una forma más fácil, utilizando la tecnología. Hasta esos años, la tecnología estaba circunscrita al ámbito empresarial, donde los ambientes eran cerrados y los usuarios interactuaban con sistemas de alto costo, CRM o modelos de gestión como SAP, con una interface de usuario nada de amigable, pero muy eficientes en el manejo de datos. Aquí, a mi juicio, vino el segundo gran aviso de cambio del consumo y el camino de **Consumidor** a **Cliente**. El proceso lo llamé CONVERGENCIA, y se refería a cómo la tecnología estaba afectando positivamente la forma de hacer las cosas en nuestra vida cotidiana. Fue así como, ante una duda buscábamos en Google, bajábamos aplicaciones y realizábamos la acción en forma inmediata.*

Nos comenzamos a comunicar escribiendo, los componentes físicos pasaron al olvido y los cambiamos por bajar servicios o aplicaciones que nos permitían ver videos, escuchar música, e inclusive hacer transacciones. Impulsado por las nuevas generaciones en esa época, *comenzaron los primeros cambios sociales asociados al impacto de la tecnología en nuestra vida cotidiana que, aunado a la globalización, rápidamente generaron un nuevo pero viejo concepto: "**CLIENTE**". Fue tanto el impacto y la masividad con que esta nueva forma de hacer, fácil, inmediata y autodependiente, que generó la Convergencia: unir el mundo tecnológico empresarial con el mundo tecnológico personal, divididos en esos momentos. La CONVERGENCIA permitió flexibilizar el hacer, dando espacio a dispositivos móviles, a la ubicuidad y el iluminar espacios públicos, como cafeterías, para permitir el trabajar en forma remota o, definitivamente, conectarse desde cualquier lugar. Los conceptos de autoservicio, sucursales bancarias en línea, y yogurt de distintos formatos y sabores, por nombrar algunos, son los cambios que trajo consigo.*

La CONVERGENCIA trajo nuevos modelos de negocio, transporte de pasajeros sin ser dueño de los vehículos, streaming para ver películas o escuchar música, diversas aplicaciones para resolver temas de vida cotidiana, los scanners y la digitalización de documentos, la inmediatez en la comunicación no hablada, etc. Probablemente, la *mayor transformación de la Convergencia fue el transformar a los "consumidores" en **"CLIENTES"**, personas sobre informadas, globalizadas, inmediatas, autosuficientes, capaces de crear nuevos espacios de consumo, de manifestar y generar nuevas necesidades y procesos de satisfacción, mismas que manifestaban, masificaban y hacían públicas en redes sociales. Dejaron de ser consumidores y se transformaron en clientes.*

Esto trajo consigo un cambio fundamental en el cómo llegar a estos clientes. Y el marketing, sin duda, fue de los primeros que tuvo que readecuar sus formas, herramientas y conceptos, donde los nuevos medios, la nueva forma de llegar, la fidelización, el modelo de consumo, las personas y sus gustos, todo se había movido. Tuvimos una adecuación y comenzamos a preocuparnos por los gustos de las personas y sus comportamientos, más que por la información básica que teníamos en la base de datos de allá lejos, comenzamos a abrirnos a nuevas herramientas y utilizarlas, pero creo que nos quedamos ahí. Las compañías sabían que tenían que caminar a un proceso más digital, pero iban a paso lento y manteniendo al máximo los funcionamientos tradicionales, rígidos y jerárquicos, sin darnos cuenta de que la Convergencia había gestado un cambio mucho más profundo que, más adelante, las sociedades del mundo nos mostrarían con la disconformidad de las personas sobre cómo se estaban haciendo las cosas, presionando a los modelos tradicionales a cambiar y que los añejos procesos de oferta, generados desde lo que unos pocos definían, a modelos más abiertos, personalizados y colaborativos, que fueran directamente a satisfacer las necesidades de las personas.

*Estábamos en esto cuando nos sorprendió la Pandemia. Entonces corrimos a conectar personas desde sus casas, con el único objetivo de promover la continuidad operativa y seguir funcionando, pensando en que sería una interrupción breve, sin embargo, más que la emergencia sanitaria que sin duda nos impactó e impacta aún, se vino con ella el nuevo proceso de Transformación Digital Acelerada y, sin darnos cuenta, una vez más nos están cambiando el cómo "hacer", nos modificaron a los Clientes con quienes ya habíamos conectado en "**Personas**", con un nivel de exigencia en el consumo mucho mayor, pero con satisfactores, empatía y confianza distintos, con formas de* *acceder rápidas y variadas, un contacto más despersonalizado, una amplia oferta en omnicanalidad, más inmediatistas, queriendo soluciones más granulares, buscando más apoyo que vendedores, procesos serios de cumplimiento, exigiendo contenidos, diversidad, experiencias, sensaciones, en fin, un sinnúmero se satisfactores que modificaron el consumo y a nuestros clientes.*

Hago, nuevamente, la pregunta del comienzo: ¿conocemos realmente a nuestros clientes? ¿Contamos con una oferta adecuada?, ¿nuestra comunicación es efectiva?, ¿conectamos y estamos en real sintonía con ellos?, ¿resolvemos una necesidad?, o ¿tenemos una oferta amplia para consumidores que ya no están?, ¿mis herramientas de venta funcionan?...

Estas personas hoy son nuestros clientes, entonces debemos prepararnos para enfrentar esta nueva realidad y, más allá de movernos a refrescar o modificar nuestra caja de herramientas, tendremos que aprender algunas nuevas técnicas de caza que nos permitan ser más inteligentes, mejor preparados

y efectivos.

QUINCE

*AUMENTANDO LAS
HERRAMIENTAS DE LA CAJA*

En estas nuevas áreas de crecimiento, al igual que las redes sociales que investigan nuestras costumbres de compra y deseos, nosotros los vendedores, debemos desarrollar habilidades idénticas en esta área, conocer cómo piensan nuestros clientes y cómo gatillan una compra. Sin duda pasarán a ser herramientas diferenciadoras y de apoyo a la efectividad, es así con la *neuroventa*, que es capaz de entregarnos un mapa de cómo nuestra mente reacciona cuando compra. Ya les contaré y transmitiré algunas herramientas de ello más adelante, ahora les daré un ejemplo de comportamiento de compra: nosotros, los seres humanos, tomamos decisiones de compra desde nuestro cerebro básico reptiliano y que, esencialmente, lo que hace es cubrir nuestras necesidades primordiales.

No en términos de lo que te falta, sino de lo que tú sientes que te falta. La reacción es distinta para hombres y mujeres.

Por ejemplo, «quiero ser reconocido socialmente y moverme en un determinado círculo, por lo tanto, un automóvil convertible me ayudaría». Entonces, nuestro reptiliano actúa y decidimos desde allí, lo más entretenido de esto es que utilizamos nuestro cerebro consciente para justificar la decisión del reptiliano. Suena extraño, pero es así, existe un mapa del porqué nuestra mente nos impulsa a comprar ciertos artículos.

Otra gran área de sumar conocimiento para beneficio de nuestra actividad de ventas es la de conocer los distintos tipos de personalidad que pueden tener nuestros clientes, de tal forma que podamos adaptar nuestra comunicación de acuerdo con el tipo de personalidad que tienen nuestros clientes potenciales.

Las empatía y la confianza, claves de relacionamiento en este mundo 2D real (porque es a través de una pantalla, pero realmente estamos allí), podemos mejorarla si manejamos mejor en adecuarnos a las formas, tiempos y sensaciones de nuestros clientes. Una interesante herramienta que conocí es el Eneagrama, que nos cuenta que hay nueve formatos distintos de personalidad, con ascendentes. Además, entre ellas existen tres pilares de base con los que sienten, piensan y actúan. Ante una misma situación, pueden ir a la acción en diferentes formas y tiempos, dependiendo de su tipo y número de personalidad. ¿Recuerdan que les comenté que en mis inicios mi liderazgo era de objetivos y presionaba por la acción? Bueno, con mayor experiencia y este conocimiento, podría haber entendido mejor a mis equipos y haber dedicado tiempos y lenguaje distintos para llevarlos al mismo lugar. Un ejemplo claro de cómo actuamos sin pensar en las personalidades del eneagrama, es cuando nos piden un consejo o sugerencia, lo que hacemos en forma inmediata es llevar al otro a la solución que para nosotros es fácil, sin detenernos a pensar que, si está solicitando ayuda, es porque eso que es fácil para nosotros y para él no lo es tanto. Pero nosotros intentamos convencer en lugar de entender qué es lo que lo tiene detenido. Pues bien, estos conocimientos utilizados en nuestras relaciones comerciales no hacen más que entregarnos crecimiento, reposicionarnos y llevarnos a un lugar de liderazgo. Hacia esto apunta la necesidad de nuestra transformación.

Ventas y Liderazgo de Innovación y Acción

Tengo un trabajo que me encanta y lo he disfrutado desde hace un largo tiempo, lo que me ha hecho ganar experiencia, aprendizaje y sabiduría respecto de cómo funciona y cómo operar, cómo leer y entender los objetivos compañía y cómo alinearse para ir por ellos. Este último tiempo me ha puesto a prueba, ya que me ha obligado a salir de mi zona de confort donde, sabiendo lo que debía hacer, me permitía pasar con tranquilidad y sin sobresaltos, experiencia válidamente ganada y procesos conocidos, metodología bien aplicada, planificación y ejecución en orden, sin duda te llevan a conseguir, o pasar muy cerca al objetivo.

*Sin embargo, este último tiempo, las cosas han sido distintas y he tenido que reinventarme por tercera vez en este año y medio. El salir a **repensar**, revisar y analizar la situación, el momento y el cómo realizar una función de una manera absolutamente distinta, obliga a mirar a donde no mirábamos y a revisar, fundamentalmente, nuestra real capacidad, de aprender, adaptarnos y poner dos cosas en prioridad, **Innovar y Accionar**.*

El escenario cambió para todos y probablemente seguirá haciéndolo, ya que la innovación y acción aplica para todos y, sin duda, nos sorprenderá con nuevas formas de hacer lo que conocíamos, lo que nos molestará si o somos capaces de entender que debemos aportar y sumar un valor distinto al que veníamos dando. Nosotros, los vendedores, venimos de varias etapas, desde el vendedor por personalidad donde sólo bastaba ser comunicativo, conversador y entretenido, así como "atreverse" y que funcionaba y marcaba diferencias; luego nos tocó vivir el proceso de crecimiento donde profesionalizamos el oficio, con técnicas de venta, técnicas de administración y negocios, Kotler, Drucker, y otros gurúes del marketing, daban base para pasar a la siguiente etapa. Pero la primera fase de la transformación digital, que ya hace 12 años atrás la llamé **convergencia,** *marcó el inicio de una nueva etapa del vendedor: el vendedor consultivo. Aquel que era capaz de no sólo tener una base académica, sino que era capaz de acompañar a sus clientes en la elaboración de proyectos, donde se agregaba valor a cada paso. Parecía un paso muy lógico, basado en la sobreinformación existente, el que el valor del vendedor se* situara en cómo éste era capaz, a través de sus soluciones, de impactar directamente el negocio de su cliente y demostrarlo. Al igual que el proceso de Transformación Digital Acelerada que nos ha tocado vivir, de manera inesperada, nos puso desafíos y nos ha obligado a subir al siguiente nivel, con obligación de desarrollar herramientas nuevas, quitándonos el sentir, barómetro natural de nosotros, los vendedores, y poniéndonos en el escenario de la inteligencia emocional, el conocer el perfil de nuestro ecosistema y, fundamentalmente, el ser capaces de **provocar** y **crear** demanda, en lugar de capturarla. Romper el estatus quo, es el mayor desafío que nos ha tocado enfrentar, ya que eso apunta a las creencias, el "rapport" que debemos conseguir con nuestros clientes potenciales y la propuesta real de valor que podamos mostrar para diferenciarnos del gran universo de colegas que están en el mismo proceso. Al igual que comenzar una dieta, este proceso nos ha puesto a prueba. Como siempre, ponemos la vista en el resultado y no miramos el camino que debemos cruzar para que éste se dé. El Dr. Duro, Catalán simpático y que conversa de estos temas con conocimiento, indica que el 80% de las personas niega su *realidad, esto hace que sea difícil hacer el análisis de nuestras reales capacidades; a su vez, la Neurociencia indica que nuestro cerebro compra basado en el cerebro reptiliano, que es el que cubre las necesidades básicas y que utilizamos el cerebro racional para justificar por qué lo hicimos.*

La venta, hace mucho rato que dejó de ser habilidad y técnica, hoy es una ciencia, por lo que nos sitúa un desafío a todos los que vivimos y disfrutamos de esto. Estamos obligados a desarrollar capacidades que están un poco fuera de lo tradicional: PNL, Neurociencia, Análisis de Personalidades, Desarrollo Comunicacional 2D, Liderazgo, y aquellos cambios necesarios para influenciar en esta nueva etapa, así como el entendimiento de las repercusiones de la transformación digital en nuestro ambiente, a lo que llaman "pensar fuera de la caja", INNOVAR y ACCIONAR.

INNOVAR es agregar valor en lo que hacemos, y debemos acostumbrarnos a despertar pensando en «¿a qué agregaremos valor hoy?» El vivir en un mundo omnicanal, digitalizado y cada vez menos personal, hace prioritario el pensar cómo enfrentar de una manera distinta las situaciones que antes eran tan tradicionales. Hoy me cuesta organizar un día en la calle, lo que era un modelo lógico e intransable, hoy es dificultoso y casi impensado. Llevo un año y medio sin utilizar la ropa que utilizaba habitualmente para salir a hacer lo que me gusta y que formaba parte de mi rutina diaria. Es muy distinto el proceso vivido dónde, en los inicios, en momentos de empatía, lo hacíamos en pijama; hoy, con las ganas de recuperar lo perdido, ya de nuevo estamos preparados para temprano estar allí, detrás de la pantalla, pero no es lo mismo. La falta de interacción, la incapacidad de relacionarse con mucha gente a diario, la falta de acción al descubrir de casualidad nuevas oportunidades, el encuentro en el café y otras tantas situaciones que se creaban por naturaleza propia del viaje y que hoy no están, nos obliga a desarrollar, descubrir y aprender nuevas habilidades para lograr lo que se nos pide.

ACCION, el segundo término de esta columna es lo que marca la diferencia entre tener buenas y bonitas ideas y provocar un cambio, una transformación, e influenciar, que es la base del liderazgo. El saber y poder llevar a cabo la planificación a través de acciones coordinadas, es aplicar la Innovación y producir el efecto agregando valor.

DIECISEIS

LA NUEVA CAJA DE HERRAMIENTAS PARA VENTAS, EMPRENDEDORES Y LA VIDA

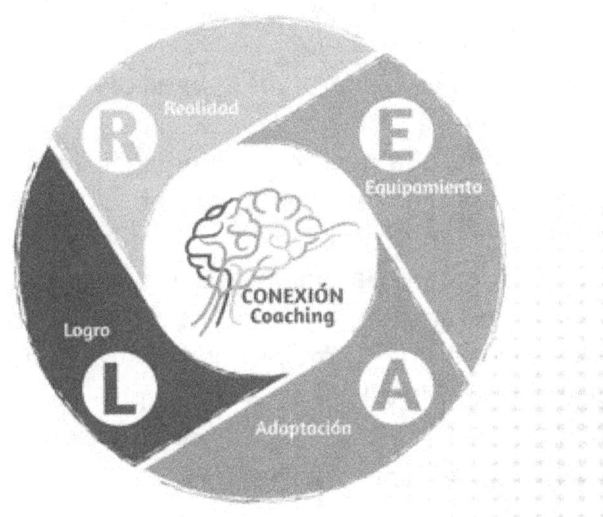

Como lo planteamos al comienzo, no es mi intención quedarme en los títulos, el propósito es poder entregar al lector herramientas y explicar cómo se puede lograr este proceso de transformación, y es lo que haremos en las siguientes paginas.

Ya hemos indicado que este mundo incierto y variante, nos está obligando a movernos, entonces ¿qué buscaremos en este proceso de transformación? Sólo tres cosas:

- Una metodología que nos permita asimilar bien estas nuevas herramientas.
- Ser mejor Emprendedor, Vendedor, o simplemente, Persona.
- Vender más y generar más negocios.

Lo primero de lo que nos dimos cuenta, fue que la forma de pasar conocimiento es obsoleta; los modelos educacionales fueron creados muchos años atrás, por lo que, tanto las materias como la forma de entregarlos, están fuera de época y no están alineados con todos los cambios que nos tocará vivir, anunciados en capítulos anteriores, por lo que quisimos cambiar los talleres y cursos tradicionales, por **Sesiones de Transformación.**

SESIONES DE TRANSFORMACIÓN

Las sesiones de Transformación tienen, como primer componente, la granularidad, es decir no hay materias preestablecidas que se deben tomar como en el colegio, por el contrario, acá lo que tenemos es un árbol de temas, los cuales se precipitan para ser el foco de cada sesión de transformación.

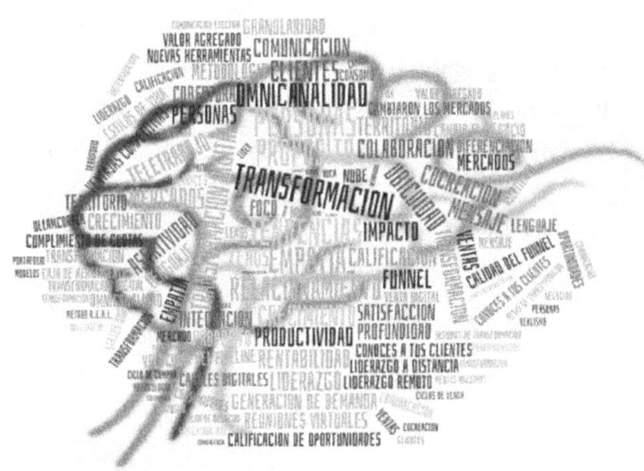

El segundo componente es que no hay profesor ni alumno, sino que se trata de una inteligencia colectiva donde el anfitrión y moderador, lleva a los participantes a interactuar respecto del tema central, para, en conjunto, ir caminando hacia conclusiones y la generación de un artículo final sobre el tema.

El siguiente diferenciador son las métricas. Hoy es impensable entregar un servicio pagado, sin garantizar un retorno de inversión en corto plazo. Como ya comentamos, somos inmediatistas y estamos invadidos de commodities, las sesiones de transformación definen, de entrada, los propósitos a conseguir y cómo se medirán, de tal forma que, al finalizar, ya sea a través de herramientas de seguimiento de coaching o práctica de campo, nos acerquemos a la consecución del objetivo planteado.

Finalmente, se adicionan a las Sesiones, la participación de una compañía de estudios y tendencias que muestre el enfoque de dónde estamos y hacia dónde vamos; los nuevos desafíos y cómo nos afectaran en nuestro ecosistema; un invitado conocedor de las materias elegidas, toques de crecimiento personal y actividades lúdicas que apoyen el tema central.

Mas allá de romper el esquema tradicional del traspaso de conocimiento, adicionamos un modelo propio que nos lleve, ordenadamente, a caminar hacia del proceso de Transformación. Y, al igual que famosos entrenadores de futbol tienen sus modelos, nosotros también definimos el nuestro para llevar a cabo el proceso.

MODELO R.E.A.L.

El modelo R.E.A.L., corresponde a los pilares que sostienen, por un lado, la entrega de conocimiento, y por otro las principales etapas que debemos pasar para lograr los objetivos. De esta forma, cada letra tiene el significado de estos pasos.

REALISMO

El punto de partida del proceso, parte con la definición del dónde nos encontramos. Como lo indiqué en paginas anteriores, el Dr. Emilio Duro, nos cuenta que el 80% de los seres humanos niega la realidad, por lo que, si partimos desde allí, lo más probable es que nuestra definición de cuánto nos falta para llegar, esté errada. **Realismo**, no sólo tiene que ver con el deseo de cosas concretas y posibles de cumplir, sino con la medición de nuestras propias capacidades, para poder definir, de buena forma, cual es la distancia que nos falta por cubrir y comenzar desde allí un plan de crecimiento. Como indicamos antes, las sesiones de transformación tienen como base el contar con métricas de consecución de objetivos, por ello, el tener claridad del punto de partida es sustancial para garantizar crecimiento post sesión.

EXPERIENCIA

Nos hemos propuesto que las explicaciones y conversaciones de los temas estén avalados por experiencias, mostrando caminos recorridos, situaciones de éxito y fracaso, y permitiéndonos entregar atajos mas cercanos al logro. Los años que pasé como vendedor de proyectos en corporaciones, me entregan la satisfacción personal de que, a través de la experiencia ganada, hoy pueda devolver con una visión de liderazgo y sabiduría, los temas desarrollados en las sesiones de transformación.

ADAPTACIÓN

Aunque no suene elegante, es la capacidad de copiar a los gigantes que ya abrieron camino. La etapa de adaptación es la capacidad de leer, estudiar y conocer lo que han hecho otros en la innovación, creación o utilización de herramientas, y revisar cómo adaptarlas a nuestra realidad. Para con ello debemos optimizar nuestra Visión, Estrategias, Conceptos de alto impacto y Herramientas, que nos ayuden al reposicionamiento, la innovación y la relevancia necesaria para ser un actor principal y no de reparto. Tal y como fue indicado, las Sesiones de Transformación no sólo traspasan conocimiento, sino que apoyan para que estos puedan ser aplicados en la práctica con coaching, generación de demanda o práctica in situ.

LOGRO

El logro, es la luz que muestra los primeros pasos del camino hacia la transformación. No es posible pasar del 0 al 100, sino que se necesita de la práctica, ya que, probablemente, si cambiamos la forma de hacer, nuestros primeros golpes no serán tan efectivos. Recuerdo a mi profesor de golf cuando me cambio el swing, el primer mes, si no fuera por la vigilancia e insistencia de él, hubiese vuelto atrás a la primera semana, ya que mi juego empeoró por la adaptación a la nueva técnica, sin embargo, en el largo plazo mi espalda agradeció haber efectuado y logrado el cambio. Acá es lo mismo, no garantizamos éxito inmediato, esto es un proceso y requiere de practica.

SER MEJOR VENDEDOR

¿Qué significa ser un mejor Vendedor? En primer lugar, es abrazar esta profesión para entregar satisfacción a otros, disfrutar con lo que hacemos y, principalmente, siempre tener presente que nuestra función es dar bienestar a nuestros clientes a través de soluciones o productos.

¿Qué es lo que valoran a la hora de buscar a los mejores vendedores? Asertividad en su Pronostico, liderazgo (Visión, Influencia y Apoyo), que sea Generador de Confianza, que tenga Comunicación Estratégica, Disciplina y una buena Metodología.

Cultivar la inteligencia emocional suma herramientas de liderazgo y crecimiento personal, mientras que la empatía y confianza son claves, hoy en día, en las relaciones y por ende en los procesos de venta. La

verdadera felicidad no tiene nada que ver con el bien-
tener, sino con el bienestar.

De ahí la importancia de saber observar tu mente,
modificar tus pensamientos y gestionar tus
emociones. Es fundamental que aprendas a sentirte
equilibrado en un contexto de incertidumbre e
inestabilidad. Libérate de las creencias limitantes,
cree en ti mismo, y siempre recuerda que lo
importante no eres tú, sino lo que sucede a través de
ti al servicio de los demás.

Ten claro quiénes son tus clientes. Has de saber
exactamente cuáles son las molestias,
inquietudes y aspiraciones de aquellos a los que
puedes ayudar a través de tu función
profesional. En la jerga del marketing, a este conjunto
de personas y empresas que cuentan
con un mismo tipo de necesidades y motivaciones se
le denomina "nicho de mercado".
Son tus potenciales clientes. Es decir, quiénes van a
pagar por tu conocimiento, tus productos o tus
servicios.

Ahora bien, ha llegado el momento de conocer el
modelo R.E.A.L. mas a detalle.

1. DESCUBRE QUIÉN ERES Y DESCUBRE A TUS CLIENTES

Comprender las nuevas reglas de juego y mirar en qué peldaño de la escalera estamos. En esta instancia, los títulos y estudios anteriores no suman, pues ya somos eso, debemos ser capaces de generar nuestro propio plan de crecimiento.

Acá les contaré una historia, nuevamente del Dr. Duro. Decía que una vez, en algún pueblo de España, existía un tío a quien le pondremos de nombre Paco, que decía haber vivido 45 años virgen, Duro contaba en su anécdota, que Paco era quien alegaba y culpaba al universo de tener tan mala suerte, sin embargo, en su análisis también decía que, sin duda, para estar en esa situación, la mirada realista nos diría que probablemente no era muy agraciado, más bien feo y que, sin duda, sus herramientas de caza no sirven, tampoco era muy entretenido y eso lo hacía introvertido, poco comunicativo, tímido y, todo lo demás que él, muy graciosamente, indicaba al contar la historia. Entonces, continuaba indicando que Paco, en lugar de revisar dónde estaba y qué podía mejorar, negaba su realidad y utilizaba frases como, "si me quiere, me tiene que querer como soy", entonces decía él: "así como eres, ¡llevas 45 años virgen! Si quieres que sucedan cosas distintas, entonces debes hacer cosas distintas". No sé por qué motivo, pero parece condición humana que siempre aspiramos a que sucedan cosas distintas sin hacer cambios reales, y esto hace que muchas veces escondamos la basura debajo de la alfombra, hacemos como que es un problema general. «Mal de muchos, consuelo de tontos», dice el refrán.

El ejemplo más claro de esto es el recién pasado 2020, donde la pandemia nos sorprendió a todos, pero, en el caso de los vendedores, en su gran mayoría no cumplieron objetivos por "culpa de la pandemia", así justificaron durante el año, trimestre a trimestre, de cómo la situación les impedía conseguir el logro.

La pregunta es, ¿qué hicieron distinto para conseguir mejores resultados? Entendiendo que la situación cambió, el entorno cambió, el ecosistema cambió… ¿por qué deberíamos conseguir resultados distintos haciendo lo mismo?

Así, muchas veces nos quedamos dormidos, esperando que las cosas sucedan, porque no somos realistas y pensamos que los éxitos pasados nos garantizaran el futuro cuando no es así. Es mandatorio, conocer nuestras capacidades para descubrir, cómo resolver aquellas cosas que nos faltan. John Maxwell en su libro "Las 21 leyes del liderazgo", nombra como número 1, "la ley del Tope" y explica que nuestros liderazgos se extienden, sólo hasta nuestras reales capacidades, que van más allá de los estudios o experiencia y que están relacionadas con nuestro entorno, networking y niveles en los cuales nos movemos; por ello es fundamental conocernos bien para movernos desde nuestras limitaciones a escalones mayores de la escalera. Pero, si honestamente no hacemos el ejercicio de ver quiénes somos y cuáles son nuestras capacidades, el punto de partida del análisis es fallido.

¿Cómo empezar este proceso de autoconocimiento? Hay varias herramientas que permiten revisar conductas y estilos de personalidades. Yo, personalmente, me interesé por el Eneagrama y participé de las enseñanzas de Borja Vilaseca, un gran conocedor del tema, que lo detalla en su libro "encantado de conocerme". Yo, ya en mi proceso personal, ventana abierta, había participado de varias sesiones que me ayudaron a conocer mi espíritu, mis comportamientos en la vida y la búsqueda de balance entre el ser y mi ego y, aplicando la misma intención que me movió en esos años, quise revisar herramientas que me ayudaran en mi mundo profesional. Más allá de ser una buena o mejor persona, esta vez quería herramientas para ser un mejor vendedor. Y allí conocí a Borja Vilaseca y el Eneagrama.

El eneagrama, más allá de ser una herramienta para la vida, me ayudó a conocer a mis clientes y ajustar mis formas y relacionamiento, de acuerdo con las personalidades que me tocaba enfrentar. Por ello, como lo señalé al comienzo, quiero mostrarles herramientas que vienen de mi experiencia, que he aplicado y practicado, y que me han dado resultado.

Hay mucho que encontrar fácilmente sobre el Eneagrama, por lo que no me extenderé en describirlo, sólo decir que lo definen como la "herramienta psicológica práctica de detección de estilos de personalidad más potente y completa que existe".

El Eneagrama es un sistema antiguo muy preciso que ha permitido y ayudado a las personas a entender cómo son realmente, y, a su vez, les ha brindado la posibilidad de entender cómo se relacionan con otras personas que se encuentran a su alrededor.

También explica que existen nueve tipos de personalidad, que han sido situados alrededor del círculo, ya que éste ha sido utilizado como símbolo principal. Esto permite obtener una visión profunda de la forma en que las personas piensan, actúan y cómo se sienten.

Permite observar los patrones y hábitos que caracterizan a cada tipo de personalidad. Aparte, a todas aquellas personas que realmente desean crecer para alcanzar su verdadero y máximo potencial humano, el Eneagrama les ofrece una ayuda muy útil en cuanto al poder de transformación. Es un sistema muy preciso que ha sido utilizado a profundidad por diversas culturas a lo largo de los siglos.

Los diferentes estilos de personalidad

- Eneatipo 1: El reformador

- Eneatipo 2: El ayudador

- Eneatipo 3: El triunfador

- Eneatipo 4: El individualista

- Eneatipo 5: El investigador

- Eneatipo 6: El leal

- Eneatipo 7: El entusiasta

- Eneatipo 8: El desafiador

- Eneatipo 9: El pacificador

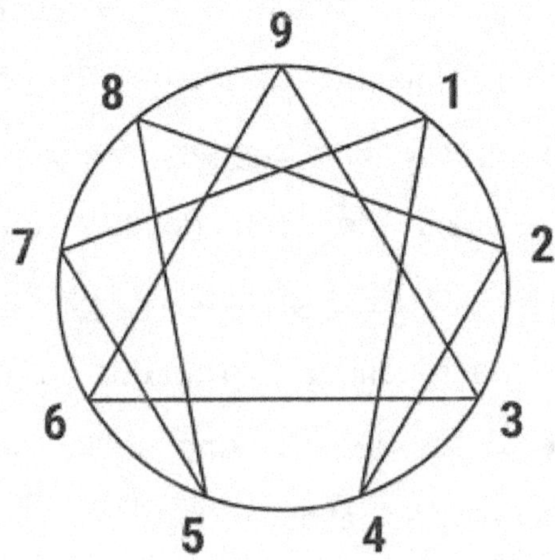

El símbolo del Eneagrama tiene más de 2000 años. Se dice que se originó en babilonia, pero es tan antiguo como la rueda, por lo tanto, la información es muy inexacta. El responsable de meter en el mundo moderno las teorías del Eneagrama es George Ivánovich Gurdjieff (Armenio-Griego).

Esta ciencia de transformación humana la continuaron grandes de este tema como son Oscar Hichazo y Claudio Naranjo, entre otros.

El Eneagrama describe tres centros desde donde proviene la inteligencia humana: la cabeza, el corazón y el cuerpo. El Eneagrama también muestra los nueve tipos de personalidad que están conectados entre sí, y que, a su vez, forman 27 subtipos de personalidad (agrupados en grupos de tres, provenientes de cada uno de los principales nueve tipos de personalidad).

Termino este punto con una frase de James Thurber:

"Todos los hombres deberían procurar aprender, antes de morir, de qué huyen, hacia qué van y por qué."

2. BALANCE, DESCUBRE TU PROPÓSITO.

Una vez que entendemos el punto de partida, debemos definir porqué hacemos lo que hacemos, es decir, nuestro propósito. No basta con fijar un objetivo, ya que éste, muchas veces es sólo una idea, si no lleva un plan y acción que lo acompañen y, aun cuando este bien definido, si no está acompañado de creencia, convencimiento y pasión, será difícil alcanzarlo. Por ello, descubrir este convencimiento, ganas y deseos reales de conseguir o alcanzar la meta, si va por sobre la línea del beneficio personal y está apoyado en la creencia propia, sin duda será posible llegar a ella. Ya que la motivación será innata y el compromiso estará implícito en la acción.

El Ikigai, probablemente, es la herramienta más conocida para ayudar a definir los propósitos de vida y lo conversamos en páginas anteriores, por ello, en este punto no quiero hablarles del propósito en nuestras vidas, sino que nuestro propósito como vendedores.

En mi caso, estoy orgulloso de haber abrazado éste, primero como oficio y después como profesión. El ser vendedor me permitió ganar mucho más que dinero, ya que el conseguir las metas de venta y, por ende, ganar dinero, no pueden ser el propósito de un vendedor; eso es el resultado de un proceso bien hecho y de innovar constantemente y cumplir a cabalidad con las etapas del proceso.

Pero volvamos mi orgullo de ser vendedor, en mi caso, el ser un buen vendedor me entregó disciplina. Es fundamental planificar y controlar el estado de avance de las distintas etapas, y el ser vendedor me regaló esta habilidad que aún aplico en mi vida. También me obligó a innovar y ser creativo, lo que llamamos hoy "pensar fuera de la caja", otra habilidad que fui desarrollando, producto de querer ser cada vez mejor en lo que hacía. El hacer lo que me gusta y hacerlo bien, además de ser elogiado y ganar dinero por ello, fortaleció mi autoestima, personalidad y desarrollo profesional. Me permitió viajar, que más allá de disfrutar los destinos, es, sin duda, una de las principales actividades recomendadas para el crecimiento personal; además me ayudó en mi liderazgo, sin duda el relacionamiento, networking, viajes y aprender sobre negociación. En resumen, saber vender me cambió la vida.

Entonces, ¿cuál es el verdadero propósito de un vendedor? Entregar satisfacción, hacer gente feliz y disfrutar de poder visionar, apoyar y resolver complejidades de los clientes a través de la venta, actuar desde los valores y ser fiel y coherente contigo mismo. Un mal vendedor hace mucho daño, aquel que sólo ve objetivos personales y ganar dinero, no está cumpliendo con el propósito de un vendedor. Como ejemplo, podemos dar la típica situación en un restaurante, al preguntar al garzón cuál es el mejor plato que le pueda recomendar sin duda nos ofrecerá el de más alto costo. Si estuviera entrenado como vendedor, recomendaría el mejor sin importar el precio, ya que el objetivo es lograr satisfacción y que ese cliente regrese y recomiende el restaurante. Si actuamos como el garzón, en el corto plazo puede que te dé dinero, pero si realmente quieres abrazar esta profesión y destacarte en ella, debes actuar desde el lugar de tu real propósito.

Ser vendedor es, sin duda, la mayor habilidad que uno pueda desarrollar. El proceso de vender está en todo lo que hacemos y seguiremos haciendo en la vida; aun cuando el mundo se mueva a lo digital, nos exigirá un proceso de transformación, pero los vendedores seguiremos siendo lo importantes que somos. Un ejemplo adicional es, si quieres emprender y no sabes vender, tendrás un camino complicado. Los genios generan, idean y fabrican, pero los vendedores son los que no sólo se llevan la fama, sino que somos los que realmente sabemos posicionarlo hacia las necesidades del cliente.

Ejemplo grafico: Steve Jobs y Stephen Wozniak en Apple.

Por lo tanto, es necesario realicen el IKIGAI, pero como dije antes, más allá de proponerse ser unas buenas personas, definan bien su propósito para ser un buen Vendedor.

Cuando tenemos cubierto nuestro punto de partida y el propósito de transformarnos en el mejor vendedor de mi ecosistema, mercado o empresa, entonces debemos ir un paso más allá para lograr herramientas de diferenciación. Entendiendo que somos muchos en nuestros mercados y que está viva y seguirá vigente la tendencia de "comoditizar" todo, es fundamental buscar una diferenciación, y, como ya dijimos antes, hoy en día las ventajas competitivas tienen una muy corta duración. Entonces ¿cómo nos diferenciamos?

Debemos transformarnos en líderes. Y ¿qué hacen los líderes? Visionan, influencian y apoyan, para que otros lleguen hacia donde los queremos llevar. Entonces, desde acá comienza nuestro segundo nivel de la nueva caja de herramientas.

EXPERIENCIA

3. PLAN DE CRECIMIENTO - LIDERAZGO

Al igual que en la vida, debemos ser capaces de definir nuestro plan de crecimiento, si definiste correcta y realísticamente el dónde estás y de la misma forma tu propósito, tienes exactamente el tamaño del gap que debes cubrir para conquistar la otra orilla.

Invierte en tu formación. La mejor inversión que puedes hacer es invertir en ti mismo, no se trata de que curses una licenciatura o que obtengas un título universitario. Aquí lo importante es que adquieras conocimiento, experiencia y herramientas prácticas. Y, que una vez termines tu formación, te sientas preparado y capacitado para aportar mucho valor a tus potenciales clientes.

Estudia aquello que te permita convertirte en una autoridad en tu campo, conviértete en un verdadero experto de tu sector. Gozar de marca personal pasa a convertirte en una autoridad en lo que haces. De este modo contarás con mucha más credibilidad y confianza por parte de tus potenciales clientes.

Si sabes posicionarte siendo fiel a tu esencia como un referente en tu ámbito de especialización, tendrás más oportunidades de ser contratado y, en consecuencia, de generar ingresos económicos abundantes y recurrentes.

A modo de conclusión, hay que señalar que lo más importante de todo para crear tu marca personal de forma consciente, es ser verdaderamente fiel a ti mismo, honrando, a lo largo de todo este proceso creativo, valores como la integridad, la generosidad, la autenticidad y la vocación de servicio. Independientemente de las metas que vayas consiguiendo, no olvides jamás aprender y disfrutar de cada etapa.

Ahora, me apoyaré en el libro "Las 15 leyes del crecimiento" de mi mentor John Maxwell, donde destaca los pasos de un plan de crecimiento. Este punto es quizá el más complicado de ejecutar, ya que se trata del proceso a cumplir para que el crecimiento se dé, es el momento en que nos miramos al espejo y pensamos que debemos hacer dieta.

Desde ahí nace la primera Ley.

Ley de la Intencionalidad, el crecimiento no ocurre por sí sólo y nuestra mente nos pone algunas trampas: «supongo que creceré automáticamente», «no sé cómo crecer», «no es el momento adecuado para comenzar», «me da miedo cometer errores», «tengo que encontrar la mejor manera antes de comenzar». Nos quedamos esperando la motivación y nunca nos movemos a la acción.

Ley de la conciencia, corresponde a nuestro punto 1 de ser realista, conocerse a sí mismo; es imposible crecer sin conocer desde dónde estamos partiendo

Ley del Espejo, autoestima, actitud, desarrollar las fortalezas, utilizar las herramientas; recuerden, todos venimos equipados a esta vida, sólo debemos elegir bien las herramientas de la caja. Es hacerse responsable de nuestra propia vida.

Ley de la reflexión, el retiro a pensar es base de un plan de crecimiento. La meditación es lo ideal, pero con sólo darnos el tiempo de salir del diario vaivén y retirarnos a pensar, se abren caminos; salir del bosque y mirarlo desde afuera genera nuevas ideas.

Ley de la persistencia, la motivación no es suficiente, se requiere de disciplina. Aquí es donde generalmente fallamos y un vendedor sin disciplina pierde la mayor capacidad exigible, hoy en día, a los vendedores: ASERTIVIDAD.

Ley del Entorno, lo decía la historia de Paco, debes moverte hacia donde están los que hacen muy bien lo que tú quieres comenzar a hacer.

Ley del Diseño, planifica lo que quieres hacer, construye un plan. En ventas, plan de territorio, plan de cuentas, oportunidades, generación de demanda. Un plan, un mapa que ordene y dé estructura a tus acciones.

Ley de la Escalera, piensa en grande, no limites tus sueños, tus opciones están limitadas sólo por las creencias limitantes que tú mismo instalas, visualiza, posiciónate en donde quieres estar, siéntelo. Lleva tu mente a la repetición de la otra orilla.

Esta es sólo una muestra de algunas de las leyes del crecimiento de John Maxwell con las que trabajamos en las sesiones de Mentes Maestras o en las Mesas de Transformación para Vendedores.

4. VISIÓN DESDE LA ESTRATEGIA

Probablemente todos quienes lean este libro, habrán trabajado en alguna empresa donde, generalmente, el primer día en los procesos de incorporación, mostraban la Visión y Misión de la Compañía. Muchas veces estas mismas estaba enmarcada en la entrada con mucha visibilidad y, en la mayoría de los casos, no pasaba a más que una decoración, ya que se olvidaba y muchas veces no formaba parte de la cultura, parecía sólo existir para cumplir un evento de coaching grupal que hicieron alguna vez, bajo órdenes.

Esto probablemente es el mejor ejemplo de un trabajo realizado con una buena intención, pero sin entender realmente el fondo del significado. Bien, nosotros, los vendedores, no iremos a definir la Visión de las compañías de nuestros clientes, pero si es mandatorio, seamos capaces de mostrarle nuevas visiones, puntos de vista y caminos que impacten directamente su negocio.

Esto no es tan fácil, ya que tendemos a ser tremendamente tácticos y operativos, y orientamos nuestra energía a hacer, a cumplir o a trabajar; puedes llamarlo como desees, sin embargo, cuando se actúa sin un plan, sin una estrategia, se tiende a ser un "ayudador operativo", que puede ser muy bueno, ya que un ayudador permanente demuestra preocupación y produce empatía, empero los clientes les compran a los líderes, no a los ayudadores.

Un ayudador necesita de una jerarquía ante el cliente para resolver situaciones propias del negocio, los clientes siempre quieren hablar con los líderes, por lo que la primera condición para poder plantarse desde la estrategia es comenzar a salirse de lo operativo, subir 5 peldaños de la escalera y mirar desde allí arriba, para poder construir una estrategia.

Subir en la escalera para ampliar el campo, revisar qué están haciendo otros, cuáles son los objetivos estratégicos de los mercados, qué está afectando a grandes grupos de personas, tendencias, impactos del medio ambiente, de operación global, en fin, manejarse en todo aquello que está sucediendo en el mundo y revisar cómo aplica de forma estratégica en lo que estamos haciendo y cómo impacta a nuestros clientes.

Puede sonar absurdo, pero para definir un plan estratégico, es necesario salirse del día a día y pensar, sí pensar. Muchas veces, los vendedores actuamos y corremos en el inmediato y corto plazo, sin detenernos a pensar que, en un año, que generalmente es nuestro periodo de métricas, dividido en trimestres, necesitamos que sucedan ciertas cosas para poder cumplir con los objetivos. El mejor ejemplo de esto es el 2020, los que no se retiraron a pensar y corrigieron, adecuaron o empatizaron, les fue bastante mal haciendo lo mismo de siempre.

El tercer punto es que, una vez que salí de la operación y visione lo que estaba pasando a mi alrededor, construya un nuevo vocabulario, un nuevo pitch, que me permita, no sólo diferenciarme del resto, sino articular un mensaje junto a mi oferta que vaya y apunte hacia necesidades estratégicas reales de mi cliente.

Antiguamente te decían "no vendas características, vende los beneficios", esto significa: no vendas escritorios, vende elegancia, comodidad, etc. Fue bueno y funcionaba, sin embargo, hoy estamos en el momento que no se ofrecen productos ni servicios al general, se construyen ofertas específicas que resuelven problemáticas vigentes reales, eso esperan nuestros clientes de nosotros y, si no tenemos visión estratégica, seguiremos vendiendo escritorios o comodidad.

5. INFLUENCIA

Los Lideres visionan, lo vimos en el punto anterior, e influencian, condición muy importante del liderazgo. Un buen discurso, una mirada estratégica sin duda son diferenciadores importantes, sin embargo, contar con alguna herramienta adicional que nos permita saber cómo piensan nuestros clientes, podría ser de gran utilidad, y sin duda lo es.

Como lo hemos dicho en este libro, hace mucho rato que ser vendedor dejó de ser un oficio y requiere de herramientas que van mucho más allá de la simpatía y conocer los productos; como ciencia, requiere que seamos capaces de incorporar otro tipo de herramientas que nos ayuden a ser un buen vendedor, así como conocer rasgos de personalidad y moverse desde un propósito, que vimos que son la base de nuestro pilar de Realismo del modelo REAL, el sumar conocimiento de cómo funciona nuestra mente cuando entramos en procesos de compra, sin duda que es un apoyo importante cuando queremos influenciar correctamente.

La Neurociencia que nos enseña el comportamiento de nuestro cerebro y mente, nos ha entregado importantes enseñanzas que aportan a entender mejor a los seres humanos y, fundamentalmente, a nosotros los vendedores, a utilizar los silencios o adaptar nuestros relatos y relacionamiento. Conocer sobre creencias limitantes y de por qué nuestros procesos funcionan de cierta forma, más allá de entender para qué sirve nuestro cerebro.

Dentro de esta ciencia existe un área llamada Neuroventas, que se ha dedicado a estudiar específicamente cómo actúa nuestro cerebro ante procesos de compra, Jurgen Klaric, un experto en esto, lo grafica en su libro "Véndele a la Mente y no a la Gente".

Comencemos conversando del cerebro, y aquí la Psicóloga Lisa Feldman nos desmitifica esa teoría de la existencia de tres cerebros, de las grandes diferencias de nuestro cerebro con el de otros animales y de la función principal de éste.

Respecto de estos puntos, sólo anticiparé que el cerebro, más allá de pensar, racionalizar, imaginar y crear cientos de experiencias, como leer, entender, etc., su función fundamental es la de gobernar, controlar y gestionar nuestro cuerpo para mantenernos vivos. La Neurociencia es un aporte increíble para entender mejor cómo funcionamos y actuamos. Observemos los siguientes títulos de la Dra. Feldman: "Nuestro cerebro no está hecho para pensar", "Tenemos un cerebro, no tres", "Nuestro cerebro es una red", "Nuestro cerebro predice casi todo lo que hacemos", "Los cerebros configuran más de un tipo de mente", "Nuestros cerebros pueden crear realidad".

Cuando comencé a interiorizarme sobre la Neurociencia, fue como cuando intenté con la física

Cuántica; soy muy creativo, por lo que no me cuesta moverme hacia situaciones distintas, sin embargo, me cuesta mucho asimilar las explicaciones vivenciales cuando no logro ver o entender del todo las aristas de la situación. El universo, por ejemplo, es algo que no logro asimilar. Pasa lo mismo cuando hablamos del cerebro y nos indican que vivimos la mayor parte de nuestra vida en un mundo inventado, ya que nuestras ciudades, pueblos, escritura, direcciones postal, fueron inventados por personas, todos los días participamos activamente en este mundo inventado que para nosotros es real; todos vivimos en un mundo de realidad social que fue inventado por el cerebro humano. También está la realidad física, la tierra, rocas, desiertos y océanos que la conforman y, a través de nuestra realidad social, la transformamos en inventos, por ejemplo, nos ponemos de acuerdo colectivamente para que una porción de tierra en un determinado lugar se llame país y así con muchas otras cosas.

El límite entre la realidad física y la realidad social es difuso, Feldman dice que diversos estudios revelan que el vino sabe mejor cuando la gente cree que es caro. De manera similar, el café etiquetado como de cultivo ecológico, también le sabe mejor a la gente que el mismo, pero sin etiquetar. Las predicciones de nuestro cerebro, impregnadas de realidad social, cambian la forma en que percibimos lo que comemos y lo que bebemos.

La realidad social es una capacidad exclusiva de los humanos y los científicos no saben muy bien como se creó, sin embargo, la doctora Feldman cree que tiene que ver con un conjunto de habilidades denominadas "Las 5C"

- Creatividad
- Comunicación
- Copia
- Cooperación
- Condensación

¿Cómo aplican estas 5C en la conducta a desarrollar como vendedores? La creatividad va por defecto; la comunicación y el qué decir, es nuestra principal herramienta; copiar, sin duda, buscar a los mejores en lo que quiero hacer y aprender de ellos, buscar experiencia.

Cooperación: apoya, ayuda comparte, conéctate con el universo, entrega y recibirás al doble. Y finalmente Condensación, palabra extraña para un plan de crecimiento, pero tremendamente significativa en nuestro mundo hiperinformado, hiperconectado e inmediatista, la capacidad de seleccionar adecuadamente, las investigaciones, notas, extractos e información de utilidad es, sin duda, una capacidad a desarrollar.

Vamos ahora a mirar esto desde la Neuroventa. Ésta, como indicaba antes, estudia el comportamiento de nuestro cerebro ante estímulos de compra y, si bien es cierto que vimos que no tenemos tres cerebros sino uno, efectivamente existen en él tres formas de analizar situaciones que podríamos denominar: Básica, Emocional y Racional (Reptiliano, Límbico y Neocórtex).

No entraré en detalles, sino que quiero traspasar herramientas de ayuda para enfrentar mejor a nuestros clientes, de acuerdo con cómo ellos piensan en sus tres áreas. Lo primero a saber es que los comportamientos de compra de Hombres y Mujeres son absolutamente distintos y tiene que ver con la base de nuestro reptiliano: sobrevivencia, estabilidad, seguridad, en el caso de ellas y belleza y demostración en el caso de ellos.

De la misma forma, la Neurociencia nos indica que todos compramos para disminuir nuestros miedos, por lo que nosotros, como buenos vendedores, debemos ser capaces de disminuir esos miedos si queremos cerrar, pero tendremos que descubrirlos primero.

Aquí, el primer pilar del modelo, Realismo, donde hablamos de aprender a identificar los tipos de personalidades propios y de nuestros clientes, es de fundamental ayuda. Si debemos buscar cuales son los miedos, el avasallar no será una buena idea, debemos movernos a lo que en coaching se llama rapport que, en términos simples, es una palabra francesa que significa crear relación, por lo que debemos ser capaces de generar un ambiente donde la clave es la transmisión de confianza y, si nuestro producto o solución está relacionado directamente con situaciones de miedo, como seguros de vida o cementerios, partir transmitiendo las propias sensaciones que provocan el hablar de ello, pero lo satisfactorio que es para el entorno que uno esté preocupado de ello.

El segundo gran tema es ser entretenido en el relato, y para ello lo mejor son las historias que ejemplifican situaciones.

Y finalmente, la Energía. De acuerdo con nuestra personalidad, tenemos cierta forma de enfrentar los temas; por ejemplo, la gente visceral como yo, actuamos rápidamente, por lo que esperamos llegar al resultado rápido sin que el cliente me consuma demasiada energía. Las personas Emocionales, en cambio, necesitarán de más tiempo para sentir el total de la oferta, requieren gastar energías en revisar y tener las garantías de confianza. Finalmente, los analíticos requerirán de una propuesta muy detallada que analizarán a detalle, y seguro volverán sobre algún punto antes de tomar una decisión.

Manejar de la mejor forma este triangulo de Miedo, Placer y Energía, es la primera perla que te entregamos para que profundices.

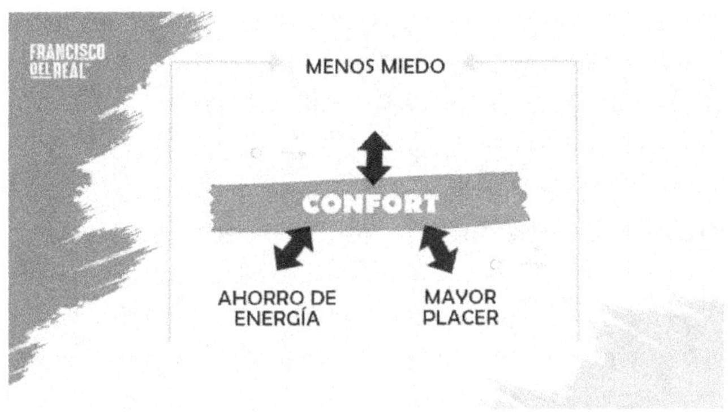

Como ya lo dijimos en algún capítulo de este libro, compramos desde la emoción o desde el reptiliano y justificamos con el racional. Yo mismo soy un ejemplo, manejo un auto deportivo que probablemente, en mi Límbico, me rejuvenece y hace sentir placer y reconocimiento, sin embargo, cuando voy por mi madre de 85 años, es una dificultad que ella pueda subir al auto.

Podríamos indicar que, racionalmente, debería tener un automóvil más práctico para poder cumplir otros objetivos. Otro ejemplo son los relojes de marca, hoy la hora la miramos en el Smartphone, por lo que un reloj de muñeca no se adquiere para ese objetivo, sino que se posee para indicar un estatus o reconocimiento, si vamos a intentar venderlo para poder ver la hora, estamos en la sensación equivocada o intentando disminuir miedos en el lugar equivocado.

Entonces, traspasaremos el mapa de los diez detonadores de nuestro reptiliano que disparan acciones o deseos de compra.

Desarrollemos capacidades y apoyémonos en nuevas herramientas que nos permitan transformarnos en lideres de nuestro negocio y, como tales, podamos mostrar visión e influenciar de la mejor manera a nuestro ecosistema.

ADAPTACIÓN

Así como se indica que cuando se trabaja en equipo se llega más lejos, cuando buscas apoyo y experiencia de quien ya lo ha realizado con éxito, el camino se torna no sólo más rápido, sino que se disminuye el error, se gana posicionamiento, suma experiencia y evita frustraciones por errores o funcionamientos erróneos reiterados.

Aprender de experiencias vividas, aplicar herramientas desde la práctica y conseguir sugerencias de quien ya lo ha realizado, es una base importante para avanzar y luego matizar con tu toque personal.

Busca inspiración en los referentes de tu campo. Una vez ya tengas claro a qué te vas a dedicar, investiga y descubre profesionales que hayan tenido éxito haciendo aquello que tú quieres hacer. Se requiere de mucha humildad para seguir y aprender de alguien. Pero también de mucha valentía para atreverse a soltarlo y dejarlo ir.

Para crear una marca personal auténtica es fundamental que tarde o temprano mates a tus referentes. Para que puedas ser una versión mejorada y no fotocopia

Volvamos a la historia de Paco, ¿se acuerdan? ¿45 años virgen? Bien, la historia continúa con la definición de que es lo que le gustaría, y acá el Dr. Duro, con su hilaridad tradicional, indica que le gustan con cresta de color, por lo que es difícil que encuentre a alguien en misa de domingo; entonces, si la decisión es que le gustarían morenitas, en lugar de estudiar inglés, la idea es que estudie keniata y se vaya a Kenia, donde la cantidad de mujeres morenas es mayor, por lo que la probabilidad de éxito por metro cuadrado aumenta, esto es moverse al mercado correcto, donde puede aumentar la cantidad de impactos.

Sin embargo, a esta historia le falta el cómo. Y aquí es donde surge este punto que llamamos ADAPTACIÓN.

La recomendación, en la continuación de la historia, es que Paco vaya y busque al Brad Pitt de su entorno, el galán y monstruo de la seducción, exitoso y deseado en el sexo opuesto y aprenda de él. Debes generar espacios para compartir con gente exitosa en lo que deseas hacer y aprender, copiar y darle el toque personal, es lo que podría llamarse moverse sobre hombros de gigantes.

Desde acá, en donde vamos, es momento de nuestro plan, que nos permitirá construir el mapa y ver en forma más practica la estrategia y los pasos de acción que lograrán que éste avance.

De la misma forma, crearemos las instancias de control, para evaluar funcionamiento, cumplimiento y etapas de corrección o reemplazo para avanzar hacia los objetivos en tiempo y forma. Puntos que revisaremos en el siguiente paso del modelo.

6. PLAN Y AGREGAR VALOR

Como hemos venido comentando, las ventajas competitivas en un mundo de commodities tienen una vigencia demasiado corta, y el copiar sin un toque personal, te transforma en uno más del mercado.

En esta nueva época, la Innovación es la inteligencia que debe incorporar tu plan, para caminar hacia la relevancia, que es lo único que marcará tu diferenciación de muchos otros. El punto es que la innovación es permanente, debemos levantarnos cada día pensando en que vamos a innovar hoy.

La construcción de nuestro plan de negocios y nuestra propuesta de valor lleva consigo hacerse muchas preguntas, partiendo por ¿en qué negocio estamos?, y ¿por qué? Yo creo que a todos los vendedores nos ha pasado que, cada vez que nos envían a hacer nuestros planes de negocio, territorio, cuentas u oportunidades, nos sumimos en matrices y formularios que completamos de mala gana y que, finalmente, no nos son de un real aporte a nuestra gestión, lo hacemos porque nos lo piden.

Un mapa, la creación de productos o servicios que nuestros clientes están esperando, el podernos diferenciar, ganar posición y finalmente ser relevantes y mejores vendedores parte desde un plan.

Les contaré una historia, por allá por 1994, en mi primer viaje de negocios, visité la única expo mundial de tecnología de esos tiempos. Comdex era su nombre y se realizaba en 4 o 5 hoteles en forma simultánea en las Vegas, algo impresionante en esos años y donde en kilómetros se presentaban marcas y fabricantes de un sin número de productos y servicios relacionados con tecnología. A muchos de los que espero sean mis jóvenes lectores hoy, les costará imaginar el modelo de negocio de esos años, donde se invertía para estar y relacionarse con miles de personas que pasábamos, día a día, por cada lugar. En esos años la tecnología era exclusiva del mundo corporativo, por lo que no existía el actual retail tecnológico orientado a las personas. Lo más cercano al mercado personal por esos años, era las denominadas personal computers, que se orientaban a nosotros, pero cuyo costo era tan elevado que era sólo para exclusivos. Los años en que Apple y Steve Jobs, revolucionaban con su Mac. Era increíble el lugar y la puesta en escena, regalos en cada stand, bolsas en la entrada de la expo para almacenar los regalos, mismos que, al ya haber recorrido una parte se hacían tremendamente pesados y tenías que alivianar carga dejando la folletería o llevando sólo lo que más te interesaba o podía servir como recuerdo para el regreso.

Semejante evento representaba un paso tremendamente importante para quienes habitábamos este mercado tecnológico, ya que, al no tener la facilidad de información de hoy, con una internet insipiente, por esos años con tecnología de modem, hacía que esta fuera la única forma de estar al día con las tendencias y búsqueda de nuevos socios para representar en el país.

Pero volvamos al inicio, en esta historia del marketing de antaño, al igual que hoy, esta expo era en Las Vegas. Luego de llegar a USA, te trasladabas a arrendar un automóvil para movilizarte durante los 4 o 5 días que el evento funcionaba y aprovechar para conocer el lugar. Y en esos entonces lo más importante era el mapa de la ciudad y las indicaciones que marcaba el vendedor del "rent a car". De ese mapa dependía de que pudieses llegar a destino sin sobresaltos y en un tiempo adecuado. Al no tener dispositivos ni conexión, como es la normalidad hoy, ese mapa era tu hoja de ruta y el indicador de camino para lograr el objetivo.

Nuestro mundo se ha hiperconectado desde la llegada del internet en los años setenta y, conforme pasaron los años, la velocidad, la calidad, cantidad y la certeza de la información se fue incrementando exponencialmente. Algo que podemos evidenciar a nuestro alrededor, incluso en nuestra palma de la mano, en un celular, una tableta, y la laptop, ya que prácticamente podemos resolver cualquier duda o problemática con teclear algunos términos es una de tantas herramienta de búsqueda, tenemos la facilidad de la geolocalización, la historia universal ahora es algo bastante simple, sin embargo, nos muestra la pérdida de importancia que damos, hoy, a aquellas cosas que nos obligan a pensar para avanzar correctamente. El mapa, hoja de ruta o plan, que requiere ser pensado, por lo que más allá de toda las pocas ganas que nos pueda dar el construirlo, es fundamental vaciar las ideas en un plan para dar pasos hacia el camino correcto, que no es otro que el de ser un buen vendedor.

En breve les pasaré tips para construir un plan de negocios. Serán pasos cortos y concretos, esa es la clave. La idea principal del éxito es que debes ser capaz de, en un sola diapositiva de Power Point, cubrir cada punto, el exceso de explicaciones en un plan solo causa distracción y perdida de energía.

Puntos Clave:

- Análisis del momento, tendencias, situación, de grande a pequeño (Mundo→Latinoamérica→mi país→mi mercado). Qué hay distinto y qué tendencias afectarán mi negocio positivamente. (Un plan de negocios es para pasar la cuota, no para justificar no hacerla)
- Los objetivos estratégicos de la compañía y qué harás para cumplirlos, por lo general son 3 o 4 objetivos. (crecer, nuevas soluciones, mejoría en satisfacción de clientes, etc.)

- Mi territorio, quiénes lo componen, qué oportunidades ya son visibles y cómo es el mix 80/20.

- Números de cumplimiento, desglosar desde la cuota, valor conocido, las oportunidades necesarias para cumplirlas y los leads, de acuerdo al ratio, necesarios para contar con el pipeline correcto

- Reposicionamiento de acuerdo con las circunstancias, cómo estructuraré mi nuevo mensaje y oferta al mercado, cumpliendo con las condiciones de disrupción y relevancia

- Actividades concretas por realizar por área de necesidad, relacionamiento, apertura, profundidad, UP sale, Cross Sale, etc.

- En quiénes te apoyaras y qué, en concreto, van a hacer, demostraciones, desayunos, etc.

- Finalmente, mapa de tiempo. Cómo irás construyendo tu plan, mes por mes, trimestre por trimestre. Con ello podrás chequear si vas en lo planificado o debes corregir o modificar.

Para terminar nuestro plan, no podemos dejar que el azar lo haga funcionar y escondemos para sólo mirar el proceso, no es posible avanzar sin tener una manera de cómo medir el avance, sin tener momentos de revisión y corrección, sin conocer, de forma precisa, el resultado del esfuerzo. Dejar de comer sin saber cuánto afectó, positiva o negativamente, a nuestro cuerpo, no es la mejor idea para bajar de peso, salir a correr sin saber cuánta distancia y cómo este esfuerzo nos afecta, probablemente tampoco apunte a que seamos más saludables. Muchas veces nos lanzamos a hacer cosas que pueden o no resultar, pero no nos permite repetir ni mejorar para los siguientes pasos, ya que fue fortuna si salió bien, y si salió mal nunca más lo intentaremos, sin saber por qué pasó. Tener instancias de control del proceso es fundamental para proyectar el cambio hacia la transformación.

7. COMUNICACIÓN, DISRUPCIÓN Y RELEVANCIA

Crea una propuesta de valor original. Una vez que tengas claro cuál es tu nicho, el sexto paso consiste en desarrollar un portafolio de productos y servicios que aporten mucho valor a tu cliente ideal. Si bien puedes inspirarte en tus referentes (profesionales de tu sector que ya están haciendo lo que a ti te gustaría hacer) es fundamental que aquello que vendas sea original y fiel a tu verdadera esencia.

Atrévete a innovar y ser auténtico.

1. **Desarrolla** un modelo de negocio.
2. **Adecúalo** a las necesidades reales de los clientes.

3. **Nunca adivines**, sal a preguntarles.

4. **Revisa** que tengas una propuesta granular para las necesidades reales y no una gigante oferta que sólo entiendes tú.

No necesitas salir a ofertar todo un portafolio de cosas, genera la punta de lanza de acuerdo con aquello que es más deseado, revisa tendencias y ve qué de lo que tienes, aplica mejor a ellas y genera desde allí tu nuevo pitch.

¿Qué vas a decir en llamadas en frio a clientes que no te conocen? Es la labor fundamental de un hunting. Cuando todos hacemos lo mismo, escribimos en lugar de hablar, nos reunimos en modo 2D y estamos llenos de invitaciones a participar de webinars y otras opciones virtuales por email, entonces… si sigo haciendo lo mismo…

Para entender mejor la situación utilicemos una analogía, somos una banda que queremos ser famosos, pero por ahora somos desconocidos, entonces ¿qué debemos hacer para lograrlo?

Lo primero es revisar mi banda: ¿qué tenemos? ¿Qué tan buenos somos realistamente? ¿En qué somos mejores? ¿Qué plan de mejora podría ayudarnos? Lo que el modelo REAL nos enseñó en los primeros dos pilares.

Como segundo paso debemos generar música, y averiguar quiénes nos escuchan, hacia dónde podemos ampliarnos, qué están haciendo otros allí, ¿hay tendencias que marquen liderazgos?, ¿con qué espacio contamos? Y desde allí nos lanzamos a generar música, mensajes ad hoc al momento en que estamos, así como las grandes bandas pasaron por periodos que marcaron su música, nosotros debemos hacerlo al revés, generar música de acuerdo a lo que nuestra audiencia requiere.

Finalmente, para ser famosos debemos encantar a nuestra audiencia, tener una imagen, un mensaje breve pero disruptivo, Pitch y una historia breve y relevante, utilizar medios adecuados para llegar a mi audiencia, poder mostrar, en la práctica, mi mensaje y contar cómo otros ya están felices de utilizar lo nuestro.

Miren, por ejemplo, lo que es Apple hoy, una gran compañía de tecnología y lo que era hace 10 años una compañía que rompía el statu quo, generando soluciones tecnológicas que aumentaban la satisfacción, el estilo de vida de las personas y facilitaban tu vida con un acercamiento empático y personal, mientras todo el resto vendían computadores.

8. METODOLOGÍA

Lo que más se valora en un vendedor, hoy, es la ASERTIVIDAD y el componente principal de un buen vendedor es la DISCIPLINA, ambas sostenidas en la Metodología. Lo dijimos antes, la venta es una ciencia y como tal, si somos capaces de cumplir con los pasos de la metodología, conseguiremos el Logro. La disciplina de cumplir con cabalidad los pasos de la metodología, permite que aumente la asertividad.

A todos los vendedores nos miden mediante una cuota de ventas, pero la diferencia fundamental entre quienes se proyectan en las compañías y quienes no, es quiénes son periódicamente hacedores de cuota y que, además, dan la tranquilidad de tener controlado el proceso, de tal forma que no presentan sobresaltos en el cumplimiento de la predicción. ¿Cómo se hace eso? Mirando a diario el comportamiento de su funnel en

Sales Force y entendiendo que éste muestra tu propia fotografía.

Vamos por partes. Revisemos nuestro funnel, en primera línea está el VOLUMEN, generación de oportunidades en distinto grado de madurez, donde tenemos la esperanza que se transformen en cierre en algún periodo idealmente cercano, y sobre las cuales debemos emitir un pronóstico de cierre para un periodo determinado. Dependiendo del tipo de negocio y el mercado en que nos movamos, el standard en ventas es 3 x 1, es decir, que, de 3 oportunidades creadas, 1 es potencial de cierre.

Entonces, mirando el volumen de nuestro funnel, lo primero que hacemos es sumar todas las oportunidades, dividirlo por 3 y revisar si es equivalente al número de la cuota. Un vendedor 4.0 entenderá que un ratio de standard en estos tiempos está por debajo de lo que necesita, por lo que llevará el volumen a algo mayor, más parecido al x5 o x7, de tal manera que pueda entregar más holgura a su volumen de pipeline. Para lograr esto, en su plan contemplará acciones concretas de generación de nuevas oportunidades para aumenta volumen de su pipeline, generará nuevos discos y los promocionará en nuevos grupos de potenciales clientes, que, acompañado de un pitch relevante, le ayudará a levantar nuevos leads y de mejor calidad.

Segunda vista, BALANCE.

El balance corresponde a la vista de las estaciones en que se encuentran las oportunidades, por lo general los modelos de venta contemplan 5 estaciones para ir midiendo el avance de las oportunidades. Donde 1 es la calificación base y 5 es el cierre. Si mi funnel está cargado a oportunidades 1, mi balance no es de los mejores, ya que muestra un buen volumen de oportunidades, pero la mayoría son muy verdes aún. Entonces debemos revisar que nuestras oportunidades avancen para que se muevan de estadio y me entreguen un mejor balance; estos movimientos de oportunidades, por lo general, requieren del apoyo de otro para avanzar hacia la meta, demostraciones de productos, reuniones técnicas, pruebas preliminares, relatos de clientes que ya lo han probado, cuadros de presencia de marca como gartner, IDC u otros. El validar los resultados de cada actividad realizada, y si consiguió el paso que se necesitaba cubrir es lo que permitirá pasar la oportunidad a una instancia de mayor calificación.

Cuando ya hemos cubierto todas las dudas y tenemos la certeza que pasamos a un proceso de compras o licitación, podemos movernos hasta la instancia de "Best Case"

CALIDAD. Esta vista del funnel, es la que descubre las mentiras de los vendedores con respecto a nuestras oportunidades, acá saltan oportunidades repetidas, oportunidades que son de menor tamaño al que está reflejado en sistema, calificaciones demasiado optimistas, procesos que aún no han comenzado, en fin, todas aquellas fallas que saltan a la luz cuando hay una falta de preocupación y mala calificación de oportunidades, o definitivamente no se entiende la metodología bajo la cual se van traspasando las oportunidades de una estación a otra.

Para esto se requiere disciplina. Si no hay una mirada diaria de nuestra fotografía en sistema, no nos daremos cuenta hasta que nuestro jefe muestre que estamos en deficiencia de oportunidades, ya que la calidad de éstas no garantiza la asertividad que perseguimos.

Finalmente, VELOCIDAD. ¿Cuántas veces nos hemos encontrado con oportunidades que llevan más de un año en nuestro pipeline? Han ido apoyando el volumen, pero nunca entrarán en etapa de cierre, que se nos quedaron allí, que no las maté en su momento y hoy no tengo suficiente funnel, por lo que la dejo para justificar ratios, en fin, hay muchas opciones para esconder oportunidades que la velocidad delata. La velocidad está directamente asociada a las acciones realizadas en el balance, si creo una oportunidad, la dejo allí y nunca más tengo actividad con el cliente, vegetará y su fecha de creación comenzará a alejarse del presente, sin actividad alguna que la haga cambiar de estado. La velocidad, sin duda, está relacionada con los ciclos de generación de los diversos negocios, por ejemplo, hay proyectos de tecnología que demoran un año en entrar a la etapa de negociación, por lo que la métrica de velocidad más allá de estar en la fecha de creación, está asociada a la cantidad de actividades realizadas y los avances que éstas produjeron para avanzar al compromiso y cierre.

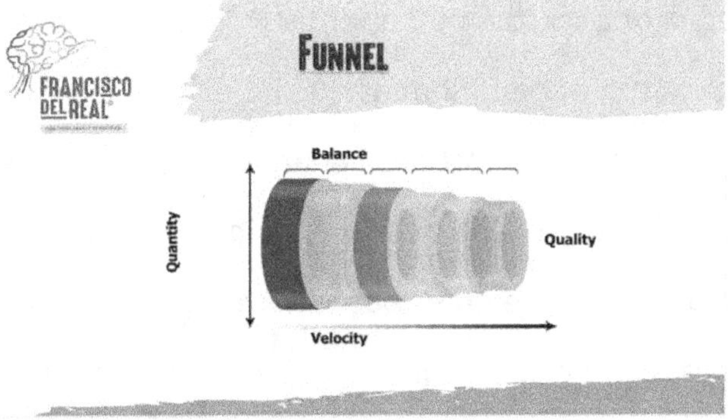

Esta es, sin duda, una mirada básica de lo que es una revisión de funnel, pero quise poner la voz de alerta para que se profundice en esto de las métricas, ratios y el equilibrio que debe existir entre la generación de demanda, el avance de oportunidades y el cierre.

Se debe diseñar un mapa de acción para poder llevar una disciplina adecuada que permita mejorar la asertividad, con una visibilidad de al menos 6 meses; en el caso de periodos de incubación de más de 6 meses, esta vista debe ser al menos de 1 año.

También es importante considerar que el optimismo juega absolutamente en contra de la asertividad, tanto para la calificación, como para el pronóstico de cierre, ya que, si soy muy optimista en la calificación, trabajaré con oportunidades que no están maduras y aceleraré mi pronostico. Cuando ya tengo mi calificación final de cierre, de igual forma hay imponderables que no es posible manejar, por lo que siempre es necesario presentar el compromiso de alguna oportunidad avanzada pero no cantada, que pase a ser plan B, por si hay algún imponderable.

DIECISIETE

EQUILIBRIO Y BALANCE

Me gustaría caminar hacia el final de este libro resumiendo algunas cosas que mostré superficialmente en las líneas anteriores y, si bien es cierto que no son pilares del modelo R.E.A.L. y sus herramientas ya descritas, forman parte del todo que necesitamos para movernos a la otra orilla.

Les hablé sobre mi tiempo de cuarentena, donde me enfoqué en mi plan de crecimiento, y uno de los temas importantes que profundicé fue Kaballah o Cábala, en español.

Yo siempre tuve confusiones con la religiones. Nací en una familia católica, por lo que, sin consciencia, cumplí ritos de esa religión; sin embargo, nunca me interesó entender los trasfondos hasta que comencé mi proceso de transformación, mismo que me llevó a entender muchas cosas, partiendo por mí mismo.

Desde ese comienzo de "la ventana abierta" el budismo llamó mi atención, como filosofía y no como religión. Compartía y entendí los conceptos de entender las emociones y la mente, pero, más allá de eso, entender que todo estaba en conocerse a uno mismo y no esperar a que un ente divino viniera a aclararnos la vida. Los conceptos de compasión, para alguien que no había trabajado la humildad, fueron gigantescos descubrimientos, así como conocer y practicar la meditación y algo de yoga, lo que me hizo conocer mundos y espacios lejanos e inexplorados para mí hasta ese momento y que me llevaron a un espacio de vida distinto donde realmente sentí lo que es estar conectado. Se me aparecían las cosas sin pedirlas y me relacionaba con personas que me transmitían sabiduría. Puede sonar repetido esto, pero es verdad: cuando andas entregando por la vida, se te devuelve doblemente.

El budismo, sin ser religión, también te dirige hacia una disciplina. Como creo les conté, yo no soy alguien que pueda seguir reglas dadas tan fácilmente si no las entiendo o comparto, recuerden tan sólo mi paso por el servicio militar. Entonces aprendí y participé del budismo con mucha dedicación, pero sentía que no era donde me sentía completo, probablemente porque con mi razonamiento lógico necesitaba entender más del fondo para poder sentirme partícipe en la totalidad. El budismo fue para mí enseñanza, avance en mi crecimiento espiritual y, como creo que lo comenté antes, fue el primer libro que recogí sin saber nada, para buscarme a mí mismo.

En mi proceso venia de un gran aprendizaje desde "el arte de vivir" con Ravi Shankar, que, como les comenté, estuvo en Lima justo en el momento en que yo estaba llegando allí y me impactó fuertemente, por lo que, sin dudar, me involucré y participé activamente de la fundación mientras estuve en lima, todo el 2012.

Bueno, el fondo de esto es que, en ese paso, aprendí de lo vacío que estaba mi ser. Entonces, mi proceso ventana abierta, sin darme cuenta, comenzó a equilibrar mi ser con mi ego, es decir, fui consiguiendo equilibrio o balance y mi forma de ver la vida cambió y me abrió espacios impensados y oportunidades increíbles, sin sumar la cantidad de gente linda que conocí sin siquiera planificarlo.

¿Para dónde camino con esto? Quiero sumarles un adicional al Realismo, Experiencia, Adaptación y Logro, ya descritos. Un paso más: BALANCE.

Para ser el mejor vendedor, lo primero es, ser el mejor para uno mismo ya que, como indicamos antes, vender significa agregar valor, lo que es innovar y finalmente entregar satisfacción. Nada de eso lo puedo entregar si no me siento satisfecho o, más directo aun, si realmente no me veo como una buena persona. El balance entre el ser y el ego es fundamental.

Como lo indicamos antes, debemos actuar desde el propósito y esto nace de la necesidad de generar bienestar a otros, producto de lo que es mi ideal de realización. Cuando el ego predomina, les pasara lo que a mí me pasó en mis primeros pasos, un gran gerente, pero un líder duro.

Necesitamos buscar siempre el balance. En las ocasiones en que la ira nos invada, debemos sentirla y respirar; cuando el dolor nos llega, no contener la respiración, sino que exhalar y dejar que se vaya, y cuando creemos que sabemos todo, detenernos y analizar.

En estos últimos tiempos, aprendí sobre la cábala, esta filosofía hebrea que se describe como la interpretación avanzada del antiguo testamento. Dicho en términos simples, se trata de la interpretación de los códigos del arameo en lugar de la transcripción de la historia según fue escrita.

Para un espiritual y no religioso como yo, fue algo que me llamó la atención y quisiera compartir acá algunas líneas que probablemente un kabalista, me retrucará, ya que mi intención es poder mostrarles herramientas, y ésta es una muy poderosa.

La cábala indica que nosotros somos una vasija, es decir, estamos hechos para recibir, eso explica porque nuestra vida está siempre deseando lo que no es malo, ya que es nuestra naturaleza. Y ¿qué deseamos? Obviamente que cumplir nuestros deseos, a lo cual nos abocamos y trabajamos para conseguirlos o simplemente los deseamos y quedan allí como eso, un deseo.

Cábala, indica que hay una luz que es capaz de llenar esa vasija, sin embargo, el universo, Dios, el infinito Inmenso, la Luz, o como queramos llamarlo, está allí para lograr que cumplamos esos deseos. Entonces, si esto es así, ¿por qué hay algunos que si lo logran y otros que no?... Hay algunos que encontramos las herramientas en la caja con más facilidad y esto es porque sabemos cómo pedir.

El sistema es perfecto, eso quiere decir que funciona siempre, en la medida que cada uno sepamos cómo pedir que las cosas sucedan. Y obviamente, más allá de conocer cómo funciona este mecanismo, se deben cumplir ciertas reglas.

Los hermanos Grimm, Graham Bell, Edison, Einstein y Da Vinci, entre otros, consiguieron hacer realidad sus deseos. ¿Qué hay en su petición que los hace acreedores del logro?

Ninguno pensó para ellos, todo lo que hicieron fue para resolver los problemas o ayudar a otros. Este es un principio de Cábala y lo representa en su árbol de la vida, el diagrama que muestra el proceso, bajo el cual cualquiera de nosotros que cumpla los pasos del proceso puede lograr que el sistema funcione. Pero bien, esto no es una clase de espiritualidad ni nada que se parezca, sólo quiero rescatar la importancia del equilibrio o balance, y la regla de oro para saber cómo estamos en ello, es mirarse al espejo cada mañana, mirar nuestros ojos y preguntarnos cómo nos sentimos hoy, respirar y entender que nuestro vendedor sale de su casa hoy, ya que no podremos esperar milagros. De cada uno de nosotros depende lo que cosechamos, por lo que debemos preguntarnos si estamos alineados para pedir lo que necesitamos al sistema hoy.

ACCIÓN Y MOVIMIENTO

Siempre estamos llenos de deseos o ideas que sería maravilloso que se cumplieran, nuestra mente siempre nos está lanzando cosas, y muchas de ellas son las que nos gustaría hacer y no nos atrevemos a, o simplemente no nos movemos hacia ellas, pensando que sucederán solas y nos quedamos en la queja del "no puedo", "no nací para esto" o "¿por qué otros sí?" y damos pie a que nuestras creencias limitantes para nos frenen. La otra opción es que nos quedamos en el sufrimiento y, si bien es cierto, el sufrimiento profundo es un activador del cambio, no es sino hasta que decimos "toqué fondo" que actuamos. El sufrimiento de sollozo no es más que eso, sufrir sin resolver, ya que el sufrimiento no resuelve y nuevamente nos deja en la no acción. Ideas sin acción no sirven, y como dijo Steve Jobs, "si tú no trabajas por tus sueños, alguien te contratará para que trabajes por los suyos."

Parece tan lógico, pero es impresionante cómo siempre tenemos una excusa para detenernos de accionar.

Acá les dejo 8 trampas para no crecer.

1. Supongo que creceré automáticamente
2. No sé cómo crecer
3. No es el momento adecuado para comenzar.
4. Me da miedo cometer errores.
5. Tengo que encontrar la mejor manera antes de comenzar.
6. No tengo ganas de hacerlo.
7. Hay otros mejores que yo.
8. Pensaba que sería más fácil.

La acción es recorrer el camino y, lamentablemente, el camino para moverse de donde estamos es duro e implica salir del estado de confort y, lo que es peor, dejar de hacer algunas cosas para cambiarlas por otras nuevas, distintas y de esfuerzo, además de que el logro no necesariamente se nota de inmediato. Piensa en grande, recuerda los principios de la cábala y verás que, al ampliar el radio de impacto donde salen del ego o el egoísmo, hace que el proceso de la acción fluya.

Una parte importante para avanzar al logro es la actitud, el deseo y la motivación. El camino de la transformación es muy entretenido y suave, cuando el propósito es mayor que el esfuerzo que el camino te exige, sin embargo, cuando no hay un propósito o realismo sobre lo que se debe hacer, el camino se hace difícil, y por lo general nos auto boicoteamos y abandonamos la misión antes de acabar. También la actitud va muy de la mano del objetivo, cuando éste es egoísta y sólo apunta a una mejora o logro que no impacta a otros, también es mucho más difícil. El "quiero ser el mejor vendedor" probablemente es un ejemplo de ellos, ya que no hay un para qué, ni tampoco a quién puede servir más allá de mi ego. La actitud con que enfrentamos el proceso es un pilar muy importante, ya que, cuando comenzamos a hacer las cosas de una manera distinta a la acostumbrada, las primeras veces no resulta del todo bien y es la práctica y la constancia las que te llevarán a la mejora y adaptación.

Tal como lo indique en las primeras líneas de este libro, esto no es un manual, son experiencias, metodologías y herramientas que espero que tú, como lector (y más allá de eso, como vendedor), puedas sacar aquellas que mejor se adapten a tu personalidad y mejor apliquen en tu mercado, o definitivamente aquellas que impacten en tu ser y te muevan a mirar desde otro punto de vista al tradicional. Este mundo digital que se nos vino encima y nos obliga a revisar nuestra caja de herramientas y ver si realmente estamos siendo efectivos y qué de todo lo que leíste puede ayudarte a ser mejor.

Ni las capsulas ni las recetas existen, pero te aseguro que si entiendes el método R.E.A.L. y tomas lo que mejora tu accionar hoy, te ayudará en tu crecimiento como vendedor. Los invito, pues, a sumarse a las mesas de transformación, para conversar más en profundidad sobre lo que se nos viene y cómo aplicar estas herramientas. Siéntete libre de buscarme en http://www.franciacodelreal.cl

No quiero cerrar esta nueva caja de herramientas, sin entregarles una última e importante: el vendedor 4.0 no habla, escucha, pero para ser efectivo, debe saber preguntar. Acá les comparto una serie de preguntas abiertas para que puedan generar los espacios o guiar la conversación hacia sus objetivos:

BREVES

- ✓ ¿Qué te lo impide?
- ✓ ¿Cuáles son tus objetivos?
- ✓ ¿Qué te gustaría conseguir?
- ✓ ¿Qué objetivos tienes este mes?

SACAR DE LUGAR

- ✓ ¿Cómo te ves en 5 años?
- ✓ ¿Cómo te gustaría ser?
- ✓ Si pudiéramos proyectarnos al futuro, ¿cómo te gustaría verte?
- ✓ ¿Cómo imaginas el futuro de este proyecto?

CREANDO POSIBILIDADES

- ✓ ¿Qué pasaría si pudieras?
- ✓ ¿Qué pasaría si no hubiera limites?
- ✓ ¿Cómo sería el futuro si tu equipo innovara tanto como (inserta nombre su competencia)?
- ✓ ¿Con qué recursos te gustaría contar?

MOSTRANDO LIMITACIONES

- ✓ ¿Qué te lo impide?
- ✓ ¿Qué se está interponiendo en tu camino?
- ✓ ¿Qué limitaciones encuentras hoy?

SACANDO SENTIMIENTOS Y EMOCIONES

- ✓ ¿Cómo te sientes?
- ✓ ¿Cómo te hace sentir esta situación?
- ✓ ¿Qué sientes cuando piensas en ello?
- ✓ ¿Has hablado de esto?

TRASPASANDO RESPONSABILIDAD

- ✓ ¿Qué resultados quieres conseguir hoy?
- ✓ ¿Qué vas a hacer?
- ✓ ¿En qué medida estas comprometido con esto?
- ✓ ¿Cómo te gustaría que esto terminara?

SITUACIÓN ACTUAL

- ✓ ¿Dónde te encuentras?
- ✓ Del 1 al 10 ¿cuál es tu nivel de satisfacción con este proyecto?

PRÓXIMAS ACCIONES

- ✓ ¿Cuál es tu próximo paso?
- ✓ ¿Qué acciones te ayudarán a conseguir el objetivo?
- ✓ ¿Qué pequeño paso sería importante dar?

DISTINTAS OPCIONES

- ✓ ¿Qué opciones tienes?
- ✓ ¿Qué alternativa hay?
- ✓ ¿Qué distintos escenarios te puedes encontrar?
- ✓ ¿Qué formas tienes para abordar este asunto?

PLAN DE ACCIÓN

- ✓ ¿Qué acciones habría que incluir en este plan?
- ✓ ¿Qué pasos serían necesarios para cubrir tu objetivo?
- ✓ ¿Cuáles serían los principales hitos en el camino?

PEDIR PERMISO Y PROFUNDIZAR

- ✓ ¿Puedo interrumpirte?
- ✓ ¿Puedo contarte qué me dice mi intuición?
- ✓ ¿Puedo hacerte una pregunta sobre este tema?
- ✓ ¿Te importaría si intento reformular lo que he entendido?

ESCENARIO IDEAL

- ✓ ¿Cuál sería tu mejor resultado?
- ✓ ¿Cuál sería el resultado ideal?
- ✓ En última instancia, ¿qué te gustaría conseguir?

EL PEOR ESCENARIO

- ✓ ¿Cuál es el peor escenario?
- ✓ ¿Qué pasaría si no lo consigues?
- ✓ ¿En qué medida estas preparado para fallar en este asunto?
- ✓ ¿Qué podría ser peor?

PARA DESESTRUCTURAR FORMA DE PENSAR

- ✓ ¿A qué obedece este conclusión tuya?
- ✓ ¿Cuál es el denominador común que te lleva a pensar así?

TOMANDO DECISIONES

- ✓ ¿Qué opción prefieres de las tres?
- ✓ ¿Qué camino vas a tomar el 1 o el 2?
- ✓ ¿Vas a decidir de forma inmediata o debes esperar?

BIBLIOGRAFÍA

Título	Autor
Cambia tu Mundo	John Maxwell
Las 15 leyes del Crecimiento	John Maxwell
Marketing 4.0	Philip Kotler
Encantado de Conocerme	Borja Vilaseca
Véndele a la Mente y no a la Gente	Jurgen Klaric
Siete Lecciones y Media sobre el cerebro	Lisa Feldman Barrel
El Poder de Cambiarlo Todo	Yehuda Berg

Y el agradecimiento especial a IDC por la contribución a la información de tendencias e impactos en el mercado en esta nueva normalidad.

CONTINUARÁ....

www.ingramcontent.com/pod-product-compliance
Lightning Source LLC
Chambersburg PA
CBHW071736150726
47998CB00005B/1676